中公新書 2566

竹田いさみ著

海の地政学

覇権をめぐる400年史

中央公論新社刊

まえがき

　本書は、一五世紀の世界航路拡大を振り返りつつ、一七世紀にはじまる海洋覇権をめぐる英蘭戦争（イギリス・オランダ戦争）、大英帝国の興隆、二つの世界大戦と冷戦、さらに海洋秩序の模索や現在の課題など、海洋史四〇〇年を、地政学的な視点を取り入れながら、描くものである。そして「航行の自由」がいつの時代でも、大きなテーマであったことを確認する。

　本書で扱う重要な用語をいくつか説明しておこう。

「覇権国家」とは、政治、外交、軍事、経済などの分野で圧倒的な影響力を持ち、世界の国々によりその主導的役割が認められている国家を指す。したがって、「海洋覇権」とは海洋における覇権国家のさまざまな態様を意味する。

「海洋パワー（シーパワー）」は、本書では覇権国家とほぼ同義で扱っており、その影響力が海に特化されたものの場合をいう（第2章を参照）。

そして、「海洋秩序」とは、時代によって異なるが、覇権国家、あるいは国際連合（国連）など国際社会により定められた概念やルールに多くの国が追従する状態のことであり、その望ましい状態を保つための決まりや枠組みそのものを表している。たとえば、一八～一九世紀のパクス・ブリタニカ（イギリスによる平和）、二〇世紀のパクス・アメリカーナ（アメリカによる平和）、後述する国連海洋法条約が該当する。

また、「海洋ルール」や「国際ルール」は、その時代の覇権国家や国際社会（本書では国連）が制定した海洋に関する具体的な政策や法律を示す。両者を厳密に区別していないが、「国際ルール」とは主に国連海洋法条約が作り上げた海洋ルールを意味している。

最後に、書名である「海の地政学」について本書では、海洋を地理的空間と位置づけ、国家政策や国家行動を地理的な環境と結びつけて考える概念としての「地政学」を、アプローチの一つとして象徴的に使用するものである。

本書の前半（第1～第3章）までは、海洋という地理的空間が支配される時代を、ストーリーとして叙述することが可能だった。しかしながら、第二次世界大戦後のトルーマン宣言や国連海洋法条約が制定された時代を扱う後半部分（第4～第6章）は、海洋が支配される時代から管理される時代への移行期であり、必然的に制度論、組織論、法律論、政策論、現状分析が中心となり、前半部分とは書き方のトーンが異なることを付記しておきたい。

そもそも日本は海外から原料を輸入し、それらを加工して質の良い製品を作り、世界中に輸出して豊かになった貿易国家だ。原料や製品の重量（トン数ベース）で集計してみると、貿易データでは輸出入貿易の約九九・六パーセントが海上輸送（航空輸送は〇・四パーセント）に依存しており、商船による貿易航路の重要性は今も昔も変わらない（二〇一七年集計、日本船主協会）。もちろん航空輸送の比重は高まり、金額ベースの貿易量でみると航空輸送の割合も増加しているが、それでも依然として海上輸送の重要性は揺るがない。

島国の日本にとってはもちろんだが、各国でも海洋は国の命運を左右する。大航海時代を例に出すまでもなく、世界史は海の覇権をめぐる軌跡であり、国益に直結する海洋での覇権を確保するために、海洋秩序の形成にどのようにコミットするかが、大国の最大関心事であったといえよう。

海洋覇権、海洋秩序形成の歴史には、さまざまなプレーヤーが登場する。大航海時代には、スペイン、ポルトガル、イギリス、そしてオランダ。一九世紀においてはイギリスが海の覇者となり、二〇世紀に入ると、イギリスに比肩する海洋パワーとしてアメリカが台頭してくる。海洋の権利を声高に叫ぶアメリカに対し、新興独立国も異議を唱えはじめ、この状況を前にして国連を中心に、海洋秩序のあり方が問題提起される。

あらゆる国家による一方的な海洋支配を食い止めるため、一九九四年に発効されたのが、「海の憲法」とも呼ばれる国連海洋法条約（正式名称「海洋法に関する国際連合条約」）である。二〇一八年六月現在、一六七ヵ国及び欧州連合（EU）が締結している。この条約は領海

（一二カイリ）、接続水域（二四カイリ）、排他的経済水域（EEZ、二〇〇カイリ）、大陸棚、公海、島や岩礁の定義、海洋航行のルールなどを包括的に定め、海洋の平和利用と開発が両立するように制定された。アメリカが署名していないなどの諸問題は内包しつつも、この「海の憲法」はルールとして国際社会に浸透してきた。

しかし二一世紀になると、中国が南シナ海への海洋進出を加速化させ、人工島の建設などに着手し、この「海の憲法」に挑戦する姿勢を示した。中国は、国連海洋法条約が作り上げた海洋秩序に挑戦した初めての国家となる。

本書は、おもに近現代の国家を対象にしている。また、海洋秩序のあり方に大きな影響を及ぼす中国の動向に焦点を絞ったため、日本と排他的経済水域（EEZ）を接するロシア、韓国、北朝鮮、台湾などを取り上げていない。ただ今後、北極海航路の重要性が高まる中、ロシアが重要な役割を演じることは間違いないだろう。このように、本書は限界を抱えていることを断っておきたい。

第1章では、国家が海と向き合うようになった「大航海時代」に少し触れ、主に一七世紀から一九世紀における、イギリスの海洋パワーとしての発展を分析していく。第2章では、一九世紀における新たなプレーヤーとして、捕鯨《ほげい》業を軸に海の覇権競争に参画したアメリカを俎上にのせる。そして第3章では、パナマ運河建設、海軍力の強化を図ったアメリカが、二つの大戦を通じてイギリスに取って代わる海洋パワー（シーパワー）としての地歩を固めていく姿を明らかにする。第4章は、二〇世紀における海洋革命と謳われた「トルーマン宣言」を中心に、アメリカ主導の新しい海洋秩序の形成、ならびに国連海洋法条約の制定過程を詳《つまび》らかに見ていく。第5章では、世界の海洋秩序に挑戦する中国の動向を検証し、第6章では、「海上法執行」の主役を演じる日本の対応を考察する。法執行とは、国内法である海上保安庁法や警察官職務執行法などに基づいて警察権を行使するとともに、国連海洋法条約をはじめとする国際ルールを踏まえて、領海警備や排他的経済水域の保全・管理、さらに海賊対処行動をすることである。

揺らぐ海洋秩序を前に、我々はいかに対処すべきなのか？　陸地が分断支配され領地とされてきた歴史があるように、海にも同様の歴史がある。その約四〇〇年にわたる海洋の歴史を振り返り、海洋秩序や海洋ルールの変遷に焦点をあて、近現代史を海から捉え直す。このような作業を経ることにより、海に囲まれた日本の課題などが読者に伝われば幸いである。

目次

まえがき　i

第1章　海を制した大英帝国…………………………………………1

大航海時代とスペイン・ポルトガルの海洋進出　カトリック世界による海洋の分割支配　海賊国家イギリスの参入　貿易国家オランダの動き　国際法の父グロティウスの海洋自由論　イギリス領海の誕生　航海法の制定　貿易立国オランダをつぶす　航海法の廃止から自由な海洋世界へ　領海三カイリと密輸船の摘発　イギリス海洋帝国の建設　海軍基地を守る陸軍の駐屯地　石炭ステーションを全世界に確保　海底ケーブルによる情報の帝国——目に見えない海洋覇権　独占企業イースタン電信会社の登場　世界中がイギリス経由で情報伝達　日本が海底ケーブルで結ばれる　大英帝国の海軍の規模　軍事政策としての海洋覇権と二国標準主義　挑戦国ドイツの登場　大手の海運会社P&Oとキュナード　スエズ運河の建設をめぐる暗闘　ロスチャイルドから極秘情報　世界初の国際運河　地平線が広がるスエズ運河　イギリスの思惑　フランスの脅威　レセップスの夢　マッキンダーの地政学

第2章　クジラが変えた海の覇権……53
捕鯨という海洋フロンティア――エネルギー資源の確保　クジラ・ブーム到来　捕鯨基地の建設　ペリー提督の浦賀来航　捕鯨船の遠洋航海と近代化　イギリスの海洋帝国を航海　貿易船と捕鯨船の保護　海外領土としての「島」　キューバ領有　戦勝国となったアメリカ　海洋パワー論者アルフレッド・マハンの登場　シーパワーとは何か　英雄セオドア・ローズヴェルトと米西戦争　大海軍主義の大統領　軍服はブルックス・ブラザース

第3章　海洋覇権の掌握へ向かうアメリカ……87
海洋パワーを目指す大統領　パナマ運河――アメリカン・ドリーム　スエズ運河の成功体験で失敗したレセップス　アメリカの野心――パナマ「地峡」の領有化　まずは経済インフラの整備　アメリカ海軍の強化　海軍の軍拡レース　第一次世界大戦に参戦したアメリカ　参戦の背景　ツィンメルマン極秘電報事件　和平構想「一四ヵ条」を提案　海洋ルール「航行の自由」を提唱　アメリカ主導で海軍の軍縮――米英の共同覇権　海軍軍縮の比率　精緻な条約　軍縮から軍拡の時代へ、戦艦から空母の時代へ　空母機動部隊の海戦　日本が失った商船――日本船主協会　日本が失った船員――全日本海員組合

第4章　海洋ルールの形成……131

トルーマン宣言とは何か――サケと原油　トルーマン宣言は国内問題扱い　石油利権をめぐる国内政治力学　州による石油利権独占への拒否権　石油開発の歴史　カーボン・オイルの発明――オイル・ランプの誕生　イギリスの不運――石油がなかった　グレート・ゲーム――石油の争奪戦　海底油田への注目　南米諸国が追従し、世界の流れへと加速　海洋革命としてのトルーマン宣言　二〇〇カイリ領有化を求めたサンティアゴ宣言　国連で海洋を取り上げる――アメリカの誤算の始まり　四つの海洋法条約を採択――ジュネーヴ会議　もともと領海は三カイリで合意　「領海の幅」を決めなかった領海条約　接続水域とは何か　公海とは何か――「自由」があふれる公海条約　領海の無害通航　大陸棚条約の誕生――トルーマン宣言の国際化　新しい大陸棚の定義――国連海洋法条約　発想の転換――〝深さ〟から〝距離〟への変更　新たな海洋革命とアメリカの反発――深海底の提唱　資源ナショナリズムと新国際経済秩序――国連海洋法条約の成立へ　オイル・ショックの発生　アメリカの海洋宣言――二〇〇カイリ排他的経済水域（EEZ）　レーガン米大統領の海洋政策　米英に参加してもらうための工夫――国連海洋法条約の修正　アメリカが支えている海洋秩序　「世界の警察官」――その原点はトルーマン時代　マーシャル・プランと覇権国家アメリカ　アメリカの軍事力――海洋秩序を支える

第5章　国際ルールに挑戦する中国……193
「領海法」とは　周辺海域の領有化　無害通航に制限　人民解放軍を動員しての追跡権の行使　仲裁裁判所は〝法的根拠なし〟と裁定　領海法をめぐる内部文書起草を取り巻く内外情勢の変化　強硬な軍事部門　戦略論、戦術論、プロパガンダ中国の海洋進出と三つの危険性　日本による対中抗議　第一列島線と第二列島線海上法執行機関の海洋進出　海洋秩序の不安定要因

第6章　海洋秩序を守る日本……225
外交力、軍事力、警察力――海洋秩序の装置　軍事力と共に、法執行の時代へ　法執行機関の世界モデル――海上保安庁の目的と任務　尖閣領海警備――海上保安体制の強化　法執行機関における根拠法　軍隊として組織しない　自衛隊と海上保安庁　有事における統制権　国際的に法執行機関を支援　「自由で開かれたインド太平洋」を目指して

あとがき　249
参考文献　254

ユーラシア大陸
日本海
東シナ海
太平洋
インド
亜大陸
紅海
南シナ海
ハワイ
ホルムズ海峡
マラッカ海峡
インド洋
オーストラリア大陸

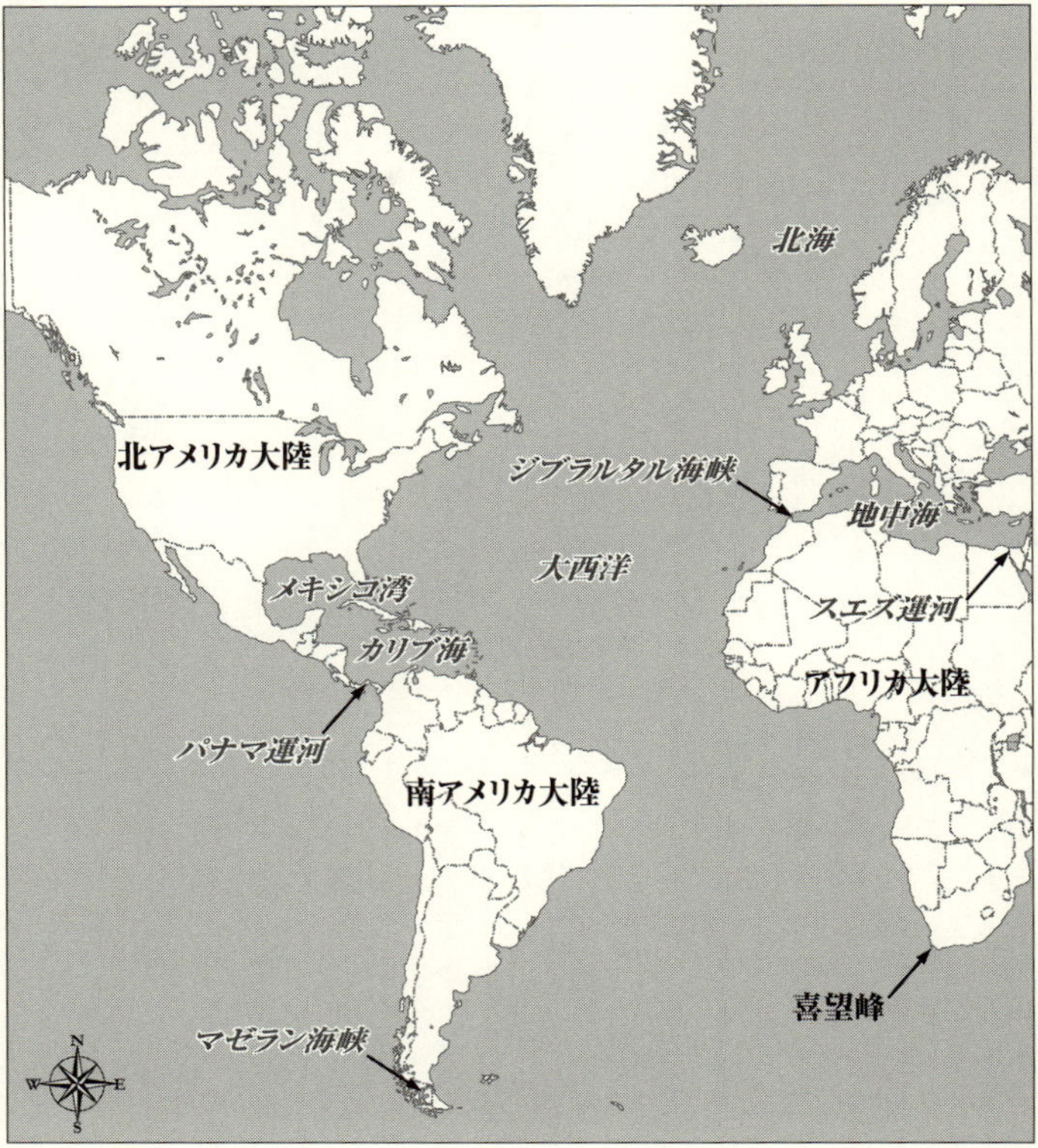
北海
北アメリカ大陸
ジブラルタル海峡
地中海
大西洋
メキシコ湾
スエズ運河
カリブ海
アフリカ大陸
パナマ運河
南アメリカ大陸
喜望峰
マゼラン海峡
N
W
E
S

地図：地図屋もりそん
図版（国連海洋法条約での海域区分）作成：関根美有

第1章　海を制した大英帝国

本書では、国家の誕生にともない、国家により支配されていく海洋の歴史を、大国の覇権や秩序形成、そして時には地政学的な発想を借りながら解き明かそうとしている。こうした点に注目して世界的な海洋史のはじまりをたどっていくと、はるか「大航海時代」の一五世紀に遡《さかのぼ》る。世界の国々にとって海洋が自由かつ無秩序な時代にあっても、国家が海洋を地理的に支配しようとした動きがいくつかあった。

大航海時代のスペインとポルトガルによる大西洋の分割、オランダの法学者グロティウスがポルトガルによる海洋支配を否定する目的で発表した海洋自由論、オランダ人など外国人の漁船をイギリスの沿岸沖合から締め出すためにイギリスが主張した「海洋領有権」（山本草二『海洋法』）、イギリスによる海洋帝国の建設などである。本章では、大航海時代にはじまり、一九世紀をピークとするヨーロッパの海洋覇権の歴史を、大国の変遷や海洋秩序の形成から捉え直す。

大航海時代とスペイン・ポルトガルの海洋進出

四〇〇年間の海洋史を扱う前に、スペインとポルトガルによる世界初の海洋分割に触れておきたい。スペインやポルトガルが一五世紀から一六世紀に相次いで帆船を遠洋航海へ繰り出し、探検や発見を通じて交易を切り拓いた時代に、ヨーロッパの海洋史ははじまったといえよう。「海」は万民に開かれたものであり、国家は「海」を自由に活用できると信じられていた時代である。

この時代には領海や領有化という概念はなく、海洋は自由、無秩序であったので、カトリック世界の大国同士で勢力圏の分割が自由に行われた。スペイン国王が派遣したコロンブスの船団が一四九二年に新大陸を発見したことをきっかけに、スペインとポルトガルが海洋進出を加速させ、両国が激しい競争を繰り広げるようになる。この時代に帆船で遠洋航海できる能力を持つのは、スペインとポルトガルの二ヵ国に限られていた。

カトリック世界による海洋の分割支配

大国のスペインとポルトガルの海洋競争が大きな対立へ発展する危険性があったため、スペインはローマ教皇アレクサンデル六世の調停を仰いで、勢力圏の分割を行うことを決める。これが一四九三年に採択された教皇子午線《しごせん》である。法王子午線とも言う。

ローマ教皇は、大西洋上のヴェルデ諸島の西方一〇〇レグア（約五〇〇キロメートル）を走る子午線を境界にして、西方海域をスペイン領とし、東方海域をポルトガル領と定めた。「子」とは「北」で、「午」は「南」であることから、南北線とも言われる。赤道と直角に交わり、北極点から南極点を結ぶ大きな円のことを、子午線と呼んでいる。

スペイン出身の教皇が提案しただけに、この分割案はスペイン側に有利で、当然のことながらポルトガルが不満を募らせることになる。その結果、両国が直接交渉して、スペイン領内のトルデシリャスで一四九四年、海洋および海外領土に関して新たな分割案に合意し、ローマ教皇の承認を得た。新たな線引きは、ヴェルデ諸島から西方三七〇レグア（約一八五〇キロメートル）で行われた（西経四六度三七分）。これをトルデシリャス条約と呼ぶ。大国による限られたものではあっても、海洋の世界的な分割が初めて行われた歴史的な出来事である。

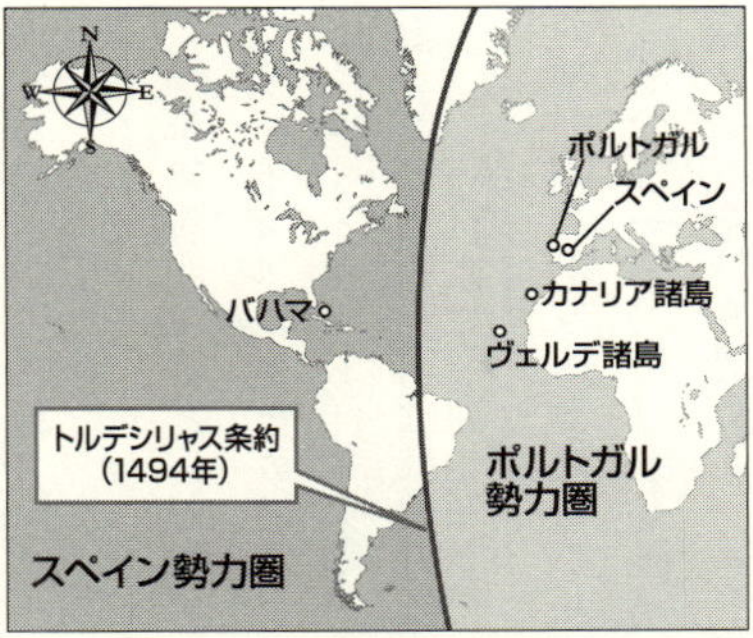

トルデシリャス条約（平川新『戦国日本と大航海時代』をもとに作成）

当時、スペインやポルトガルは距離の単位として「レグア」を採用しており、一レグアは五キロメートル前後の距離を示していた。かつてイギリスやアメリカで採用されていた単位「リーグ」と同語源である。レグアやリーグは、国や時代によって距離が異なっていたため厳密さに欠けており、世界的に統一単位を導入する動きが生まれ、マイル、メートル、キロメートルが導入されていったという背景がある。

簡単に説明すると、トルデシリャス条約では大西洋を二分して、西方をスペインが、そして東方をポルトガルが支配するというものであった。つまり大西洋の東半分と、さらに以東に位置するインド洋や東南アジアはすべて、ポルトガルの勢力圏に入るという取り決めである。この条約が結ばれた時には、インド洋や東南アジア海域は未知の世界であったが、ポルトガルが後にブラジル、インド洋、東南アジア海域に到達したことで、それらがポルトガルの勢力圏に組み込まれることになった。

その後一〇〇年以上も経過してから、この世界分割に異論を唱える国家が登場してくる。東インド会社を設立し、一七世紀に貿易立国を目指して世界の覇者に躍り出たイギリスやオランダである。

海賊国家イギリスの参入

スペインとポルトガルの跡を追って大航海に挑戦していったのが、貿易立国を目指したイギリスとオランダであった。両国ともに東インド会社をそれぞれ設立させ、大西洋からインド洋にかけて貿易で競い合った。

イギリス（当時はイングランド王国、本書では以降イギリスと表記）が東インド会社を設立したのは一六〇〇年だが、会社設立の提案、帆船の提供、船長と乗組員の手配、資金の提供など、すべてを取り仕切ったのはエリザベス一世女王に仕える海賊たちであった。一六世紀のイギリスは小さな島国で貧しく、輸出できるものは羊毛・毛織物や水産物だが、その対外的競争力はほとんどなかった。

このためイギリスは大規模な海賊行為と共に、ベルギーのアントワープでユダヤ系商人から借金をして資金を調達していた。借金をすればいつかは返済しなくてはならないが、返済の時期が来ると海賊行為を行って返済金を工面するという裏技《うらわざ》を使って、国庫を支えていた。海賊たちは「冒険商人」として、もともと海賊行為と貿易とを同時に何の矛盾もなく行ってきたが、エリザベス一世女王の時代に正規の貿易に目覚め、イギリス東インド会社を設立したという経緯がある。イギリスは海賊を主体としつつも、徐々に貿易路線にシフトして、一八世紀から一九世紀にかけて世界に君臨する貿易立国へと成長していった。海賊国家から貿易国家への華麗なる転身である（拙著『世界史をつくった海賊』では、一六世紀から一八世紀にイギリスが海賊国家から、貿易国家へと変貌していく過程を明らかにしている）。

貿易国家オランダの動き

イギリスが海賊国家への道を突き進む中で、オランダは海賊行為に関与しつつも、イギリスとは異なり、海賊に主力を置かずに本格的な貿易立国を目指して、一六〇二年にオランダ東インド会社を設立した。

東インド会社を設立するに際して、オランダは多数の出資者から資金を調達し、大西洋とインド洋における貿易の支配を構想するようになる。インドネシアではスパイス貿易を手掛けて大儲けするなか、コーヒー・プランテーションを経営し、ヨーロッパのコーヒー貿易でも圧倒的な地位を獲得するようになっていった。ジャワ・コーヒーの誕生である。

このようにオランダは、インド洋から東南アジア海域において破竹の勢いで貿易を強化していったが、オランダの行く手を阻むように聳《そび》えていたのが、トルデシリャス条約によってインド洋と東南アジアに勢力圏を確立していたポルトガルであった。

ポルトガルによる勢力圏を理論的に打破する目的のために、学問の分野で「海洋の自由」を説いたのが前述のオランダの法学者グロティウスだ。当時のオランダには、ポルトガルと互角で戦えるような十分な海軍力がなく、戦う術《すべ》としては理論武装に拠るしかなかった。

国際法の父グロティウスの海洋自由論

いずれの国家も海洋を支配してはならないと、国家による海洋支配を否定した法学者が「国際法の父」として知られる、オランダのフーゴ・グロティウス(一五八三〜一六四五年)である。海洋はいずれの国にも属さず、万民にとって海洋は自由であり、航行の自由が認められると説いた論文を一六〇九年に発表した。

ポルトガルがローマ教皇の承認を得て東インド海域（インド洋～東南アジア海域）を海洋支配したことにより、オランダは圧倒的に不利な立場に置かれていた。東インド貿易を強化したい当時のオランダにとって、ポルトガルによる勢力圏の確立は国益上の大きな問題であった。

貿易を拡大することで豊かな国家に成長できると確信したオランダは、果敢にも東インド海域に進出していったが、スパイスなどの貿易産品の調達でもポルトガルの大きな存在感を見せつけられていた。ようやくインド洋へ到達し、やっとの思いでマラッカ海峡を通航して富への期待感が募るスパイス貿易に手を出そうとした矢先、ポルトガルがすでに主要な港湾を支配しており、オランダの帆船は思うように動けなかった。こうしたポルトガルの覇権を軍事力で打ち砕くだけの実力はオランダにはなく、それに代わる理論武装によってポルトガルを追い詰めることを考えた。

グロティウス

結論から言えば、グロティウスの論文はきわめて実利的なもので、国際法が重要であるという原則論やアカデミックな意識だけに基づいたものではない。あくまでオランダにとって死活的な重要性をもつ海洋の自由を、正当化するための手段であった。

イギリス領海の誕生

オランダは一七世紀に入ると、「海洋の自由」の原則を振りかざして貿易立国を目指すようになり、これに連動してオランダの漁船も遠洋航海に乗り出していく。とはいっても大西洋を横断するのではなく、イギリス沖の北海、ドーヴァー海峡、イギリス海峡などで、そこはイギリスの沿岸から沖合にある好漁場だった。

当時、イギリスがヨーロッパ大陸へ輸出できる数少ない商品の一つが「魚」であり、その「魚」がオランダ漁船によって根こそぎ捕獲されてしまうという問題が発生していた。いつの時代でも好漁場では争奪戦があり、第三国がやってきて乱獲するのが常だ。

いまから遥か昔の一七世紀、イギリス沿岸の沖合に出没するオランダ漁船による乱獲を阻止するために、イギリスは沿岸沖の海を封鎖して、オランダ漁船を締め出すことを考えつく。これが「海洋領有権」（山本草二、前掲書）という概念、そして海のルール制定のはじまりであった。こうして領海の概念が誕生していく。

政治家と法学者の肩書をもつジョン・セルデン（一五八四～一六五四年）は一六三五年、イギリスが沖合の海域を領有化できるとの論文「閉鎖海論」を発表した。オランダの法学者グロティウスが、ポルトガルの海洋勢力圏を否定した「海洋自由論」に対抗する意味をもつ。海洋自由論を完全に否定するのではなく、国家が陸地を領土として支配するのと同じように、特定の海洋を支配することができるというもので、あくまでイギリス沿岸沖を領有化するために発表された論文だった。

イギリスが産業革命によって「世界の工場」といわれるような工業国家になるのは一八世紀になってからであり、一七世紀初頭に入ってもイギリスはまだまだ貧しい農業国で、水産業も細々と営《いとな》まれていた程度だった。有力な貿易国家へと変貌を遂げるオランダが、ことあろうに漁業の分野でもイギリスに挑戦してきたわけである。

オランダとの戦争が不可避であるという覚悟を徐々に固めたイギリスは、オランダを仮想敵国とみなすようになっていく。一六五二年から一六七四年の間に、三度にわたって戦われた英蘭戦争は、海洋覇権をめぐる本格的な初の戦争となった。海賊を利用しつつ海軍を強化していたイギリスはオランダとの海戦で勝利を収め、それは結果的にイギリスが海洋覇権を樹立する大きな転換点となった。

航海法の制定

ヨーロッパでの貿易が興隆し、北アメリカの新大陸への植民が加速した一七世紀に、イギリスをめぐる海洋秩序で新たな動きが見られた。イギリスが航海法という法律を施行し、オランダやフランスの貿易船を締め出したのである。

この航海法によって、オランダ船やフランス船は、イギリス海域へ近づくことを実質的に禁止された。イギリス周辺海域ではイギリス船のみが航行でき、イギリスの港湾を利用できるのもイギリス船に限定するというものであった。これは貿易で経済的な繁栄を目指していたオランダを驚愕させた。イギリス沿岸（地理的環境）に限定したものではあったが、海洋を航行する船舶の進路に規制（政治判断）がかけられたわけである。

イギリスとの貿易に従事する船舶はイギリス船に限定するという法律を、イギリスは一六五一年に制定した。

これが世界史の教科書にも登場する航海法、もしくは航海条例と呼ばれる法律だ。イギリスでは一四世紀から一七世紀後半に、航海法を幾度も改正しているが、実効性があって歴史的にも有名なものが、一六五一年のこの航海法である。

一六五一年の法律は国王が不在で、共和国の時代に制定されたため、航海条例として扱われていたが、国王が復帰してから航海法の更新も行われたため、航海法という名称が一般的となっている。

イギリスの港湾に寄港し、テムズ川などの河川を通航できる船舶に関しては、一四世紀から規制が試みられてきたがいずれも失敗し、ようやく一六五一年に本格的な規制が実現した。イギリスといえば自由貿易論が有名だが、実は自由貿易を唱える以前は、なりふり構わずに保護主義を声高に叫んできた国であったことを忘れてはならない。

ピューリタン革命期のクロムウェル時代に採択された航海法は、保護主義と重商主義の立場から、北海やバルト海を中心にヨーロッパ貿易を牛耳るオランダ船を排除することを目的に起草されたものだ。このようにオランダが主たる標的だったが、当然のことながらフランスも念頭にあっただろう。

航海法（一六五一年）の原文では、競争相手のオランダを示す国名はなく、ひたすらイギリスの国名が登場する。政治的にオランダの国名を伏せて、あくまでイギリスを守るための法律であることを強調している。要点を以下にまとめてみた。

（1）「アジア、アフリカ、アメリカ」から産品を輸入する場合は、イギリス船に限定する。

（2）ヨーロッパ大陸からイギリスに産品を輸入する場合、イギリス船で輸送するか、もしくは原産地、または最初の積出し国の船舶で輸送すること。

（3）イギリス船とは、船舶がイギリスに属していること。具体的には「真のオーナーや所有者」がイギリス人であること。また船舶がイギリス人の船長と船員によって運航されていること。

（4）船舶の船員に関しては、大部分の船員がイギリス人であること。

以上が航海法の骨格で、イギリスの保護主義をストレートに表現し、国内産業を育成して海外貿易を盛んにする重商主義のフレームワークを提供するものであった。航海法はその後数回にわたって改正され、イギリスの保護主義と重商主義をそのたびに強化した（改正は一六六〇年、一六六三年、一六九六年などに行われた）。

貿易立国オランダをつぶす

貿易立国として海洋覇権を掌握したいオランダは、東インド会社の成功を背景に、一七世紀中ごろにはヨーロッパにおける中継貿易の拠点となり、ヨーロッパの海運を支配する勢いを見せていた。現在でもロッテルダム港が拠点（ハブ）として機能しているように、一七世紀のヨーロッパ海運でも、オランダが中継貿易で重要な機能を担っていた。

カリブ海の島々から砂糖を輸入したり、インドネシアなど東南アジア地域からスパイス（香辛料）を輸入する際は生産地の帆船に頼るわけだが、当時の生産地には遠洋航海できる帆船は存在しなかった。一七世紀のヨーロッパでは、砂糖やスパイスなどの高額商品は、オランダの東インド会社が大型帆船を運航させて取り引きを行っていた。生産地から輸入される高額商品はオランダに集積され、オランダを中継基地としてイギリスやヨーロッパ諸国へ再び輸出されていた。この中継貿易によって、オランダは巨万の富を蓄えることが可能であった。

このためイギリスがヨーロッパ大陸と貿易する際にも、質・量ともにイギリス船を凌駕しているオランダ船が、テムズ川を縦横無尽に往来することになった。オランダ東インド会社

大型帆船として活躍したガレオン船（アフロ）

で活躍する大型の帆船がテムズ川を通航し、世界貿易におけるオランダの存在感は際立っていた。オランダのお家芸である中継貿易に横槍を入れる意図で、イギリスが航海法を制定したことは明らかだ。

当時は「船籍（船舶が登録している国籍）」という概念はなかったが、イギリス船とはイギリス人船員が中心である帆船を意味した。オランダ東インド会社が所有する帆船が、裏技を使って少人数のイギリス人船員を乗船させ、イギリスに入港するという手口が採用された。現在、国際航路を通航する外航船は「船籍」を取得しているが、こうした「船籍」という発想を世界でいち早く活用したのがイギリスであった。

ロンドン中心部のトラファルガー広場を訪れてみると、広場を包み込むように堅固な建物のナショナル・ギャラリーがある。イギリスを代表する画家ターナーの作品を中心に、さまざまな展示室に絵画が配置されている。誠に夥《おびただ》しい数の絵画が展示されているのだが、オランダの貿易船を描いた多数の絵画が陳列されている部屋がある。いかに一七世紀のオランダが経済的に繁栄していたかが、手に取るようにわかる。来館者は、絵画を通じてオランダの豊かさに圧倒される一方、イギリスの貧しさにも改めて気づかされる。このオランダによる貿易と海運の独占を阻止するために、イギリスは貿易船の出入港に保護主義を導入した。

航海法の廃止から自由な海洋世界へ

イギリスが航海法を廃止したのは、制定から約二〇〇年後の一八四九年。イギリスがまさに大国として自由貿易を謳歌し、「パクス・ブリタニカ（イギリスによる平和）」を築いたヴィクトリア女王の時代である。産業革命によってイギリスは「世界の工場」となり、大英帝国を建設する段階になって、ようやく航海法を廃止した。

イギリス沿岸に出入港する帆船に国籍の制限を設けず、自由に往来させることこそが国益にかなうと、今度は判断した結果なのであろう。

このように航海法の廃止までに二〇〇年もかかったのだが、イギリスが強国へと成長する過程で、実際は航海法の適用を厳密に行わずに、人目につかない貿易港では密かにオランダ船を入港させるなど、柔軟に対応していた節がある。イギリスの立場が強くなり、イギリスが儲かると判断した際には、航海法に目をつぶって英領植民地と第三国との直接貿易を黙認した。建前と本音を上手に使い分ける国、それがイギリスである。

一八世紀後半から一九世紀前半にかけて、イギリス政府による航海法の運用は極めて柔軟で、政治的に国益重視という大義名分から、臨機応変な対応が常態化していった。すべては国益の如何《いかん》によって、国家政策が大きく変わるということだ。

そういえば、今の中国も、多くの法律を整備しながら、国益という観点から法律の運用を適宜変更しているようだ。中国共産党は、イギリスが大国化していった近代史を徹底的に研究しているのではないかと思うほど、大国化の途上にあったイギリスと現在の中国のイメージとはしばしば重なる。

ヴィクトリア女王に仕えたのが、首相や外相として活躍したアイルランド出身のパーマストン子爵（一七八四～一八六五年）だ。ケンブリッジ大学の出身者で、オクスフォード大学の重厚な伝統とは一線を画す、自由闊達な校風を身に付けた人物であったという。自由貿易主義を信奉して海洋の自由を重視し、イギリス資本主義による世界市場の制覇を目指したため、この時代のイギリス外交を「パーマストン外交」とも呼ぶ。

首相の座を二度も射止め、外相には三度も就任しており、まさにヴィクトリア朝イギリスを代表する政治家として君臨した。ヨーロッパ諸国とは勢力均衡の力学によって対決を避け、日本や中国に対しては、開国を迫って自由貿易を求めた。

イギリスの東インド（インド洋～東南アジア海域～太平洋）貿易を独占していた東インド会社は、パーマストンから解散を迫られていたが、ついに一八五八年、解散した。貿易独占に加えて、英領インド植民地の経営にも参画していた東インド会社は、イギリスが保護主義から自由貿易主義に転換してからは反対に大きな障害となり、とうとう解散に追い込まれた。

領海三カイリと密輸船の摘発

イギリスは国益の実体が変わるたびに、領海設定の目的を変更してきた。前述のように、イギリスが一七世紀に「海洋領有権」（山本草二、前掲書）を宣言した際には、オランダ漁船がイギリス沿岸沖の好漁場に侵入し、魚を乱獲するのを阻止することが目的であった。オランダの中継貿易の阻止と、オランダ船を締め出すために、いわば経済水域の設定という概念が導入された。

それから二〇〇年を経過した一九世紀になると、今度は外国の密輸船を取り締まるために領海設定が必要となった。今回は、イギリス本土に蓄積されている富や財（「産業革命」が生み出した製品）をめがけて押し寄せてきたヨーロッパ諸国からの密輸船の取り締まりのためである。産業革命を通じて大英帝国を建設したイギリスには多くの貿易商が訪れるようになったが、貿易が盛んになるにつれ、当然の成り行きとして密輸が横行することになる。

かつて世界の海洋には公海や領海に対する名称がなく、数百年にわたって各国が海洋をめぐって利権競争を繰り広げた結果、外洋と沿岸海域を区別する考えが発達し、一八世紀から一九世紀にかけて領海制度が整えられ、その後にさまざまな用語や概念が生み出されてきた。

公海、領海、接続水域、排他的経済水域（EEZ）、大陸棚、深海底《しんかいてい》などがそれであるが、各国による利権のぶつかり合いの産物であったといってよい（用語の解説については、第4章参照）。

前述のように海洋の自由の観点から公海に着目したのはオランダの法学者グロティウスであるし、領海の考えを国際社会へ普及させてきた国々が、イギリスやアメリカなどの大国であった。一八世紀から一九世紀にかけて、海洋大国へと躍進したイギリスは、自国沿岸沖を領有しつつ、一方で世界中の海を支配したいとの願望から、各国の領海はなるべく狭くすべしとの考えで一貫していた。密輸や密航、関税の取り締まりを行うために、領海の幅は必要最低限が望ましいとの考えから、領海三カイリ（約五・六キロメートル）主義が生まれた。

イギリス海洋帝国の建設

ヨーロッパでも辺境に位置していた島国イギリスが、インド帝国を建設し、東南アジアではシンガポールとマレーシアの海峡植民地を整備した。中国大陸への窓口となった香港を獲得し、アフリカではエジプト、ケニア、南アフリカ、ナイジェリアなど沿岸部に大きな植民地を築き、オセアニアではオーストラリア大陸とニュージーランド、さらに南太平洋の島々を植民支配した。世界各地で戦略的な要衝を押さえることで、イギリスは効率よく世界規模で帝国を建設できた。

もちろん大西洋を越え、北アメリカ大陸にアメリカとカナダを建設したという〝偉業〟を忘れてはならない。その〝偉業〟が行き届き過ぎて、アメリカはイギリスから独立してしまったが、その教訓からカナダ、オーストラリア、ニュージーランドを植民地として維持する知恵を働かせた。世界地図で見ると小さな島国イギリスが、どうしてこのような世界展開が可能であったのか素朴な疑問が湧いてくる。

チューダー王朝の女王エリザベス一世が登場した一六世紀のイギリスから、一九世紀にヴィクトリア女王が君臨した大英帝国の時代までを見渡すと、イギリスが海外進出していった知恵と経験が生かされていることがわかる。イギリスの代表的な知恵と経験を、以下に列挙してみる。

(1) 海賊や「冒険商人」が先兵となって、イギリスは一六世紀から一七世紀に海外進出を行い、海洋の自由を謳歌した。スペインやポルトガルの帆船を襲撃して財宝を略奪し、国王や女王に上納して国庫を潤した。イギリスは海賊を活用して、スペインやポルトガルの海洋覇権を切り崩した。

(2) イギリスは海賊が優位の時代から、海軍優位の時代へ徐々に転換を図り、一七世紀の英蘭戦争を契機に海軍が一大勢力へと成長していった。捕獲したオランダ海軍の艦艇をイギリス海軍に編入することで、イギリスは短期間で海軍力を増強させた。

（3）イギリスは海外進出に際して、海軍や貿易船の拠点を海外に整備した。当時は帆船による移動であり、帆船が寄港できる島、岬、海峡に港湾を整備した。と同時に陸軍の駐屯地も海外に整備した。海外植民地では、少数のイギリス人が現地で行政官や兵士をリクルートし、イギリスによる間接統治を進めた。

（4）女王エリザベス一世が特許状を交付した東インド会社は、一九世紀にかけて東インド（インド洋〜東南アジア海域〜太平洋）で貿易を独占した。東インド会社のように、地域ごとに特定の貿易会社一社に貿易独占権を与え、イギリスは海上貿易でネットワークを構築した。

（5）航海法の制定や廃止など、イギリスの国益にとって有利な海洋秩序を臨機応変に整備した。海上輸送では、イギリスの船会社がイギリス発の定期航路を開設し、国際貿易をコントロールした。

（6）イギリスは産業革命を成功させて「世界の工場」となり、経済的にも大国となり、海軍力を増強する予算も獲得することができた。

このようにイギリスは海洋覇権を確立して、世界規模の海洋帝国の建設に成功した。点と線で面を作るように、官民挙げて重層的に海洋帝国を構築した。帆船が世界中で寄港できる島や岬を拠点化し、最短の航行ルート上の島を獲得することで、島と島を航行ルートとして

イギリス海軍の海外基地〔19世紀後半〕（アンドリュー・N・ポーター編著『大英帝国国歴史地図』をもとに作成）

有機的に結んできたのだ。

　重要な港湾を長期間にわたって安定的に使用するために、イギリスは世界規模で海軍の基地も整備していった。帆船の主要なルートとなった大西洋やインド洋の島は、ことごとくイギリス海軍の基地となった。

　地図は、イギリスが海外に整備した海軍基地を、一八四八〜一八九八年の期間に限定してまとめたものである。海軍基地は、全世界に約四〇ヵ所もある。基地の数は一定ではなく、時代と共に増減を繰り返していった。イギリス海軍の海外基地を一見すると、世界中に意味もなく点在しているように見えるが、実はそうではない。イギリス本国〜大西洋〜地中海〜インド洋〜南シナ海に至る、帆船が航行する基本ルートと見事に重なっている。

　一六世紀から一九世紀の時代に、イギリス海軍の艦艇は木造の帆船で、遠洋航海は季節風・貿易風に左右されながら、島から島へと渡り遠隔の目的地を目指した。大西洋やインド洋に点在する島々を獲得できるか否かは、まさに生と死の分岐点であった。なお、イギリスで鋼鉄製（スチール）の軍艦が登場するのは、クリミア戦争（一八五三〜五六年）での苦い経験を踏まえて、一九世紀後半の一八六〇年になってからだ。

海軍基地といっても、すべての基地に立派な軍艦が勢揃いしていることはない。海軍基地の規模は一様ではなく、また帆船の戦闘艦が配備されている場合もあれば、単なる輸送艦が配置されている基地もあり、全体像を摑むのは難しい。

オランダやポルトガルの軍事的脅威がなくなったオセアニアでは、一九世紀を通じて、海軍基地に実戦用の戦闘艦が配備されたことがない。また海賊の脅威がなくなったカリブ海では、戦闘艦の配備が必要とされなくなった。このように国際情勢や地域情勢を反映して、海軍基地の実態は刻々と変化していった。

海軍基地を一つずつ詳細に検討していくと、実戦用の戦闘艦が配備されない名ばかりの基地が世界中にあるように思えるが、そうとも言えない。これらの基地は海軍基地としての軍事的な機能以外に、貿易港として大きな役割を担っており、また帆船が遠洋航海で食料や飲料水を補給する中継地として、さらに木造の船体を修理するドックの役割も演じていた。平時には貿易港、食料や飲料水の補給地、船体修理のドックとして活躍し、戦時になると軍港の機能を発揮するなど、イギリスにとっては大変都合の良い海軍基地であった。

とりわけイギリスは、帆船の航行ルート上にあるマルタ島やセイロン島などの島々、陸地と陸地に挟まれたマラッカ海峡やジブラルタル海峡のような海峡、さらに大西洋からインド洋へ舵を切る喜望峰（ケープタウン）などの岬を、戦略的な要衝と位置づけて恒久的な海軍基地を整備し、実戦用の戦闘艦を常駐させ、海軍基地を守るために陸軍も併せて駐屯させた。戦略的な要衝は、イギリスに莫大な富をもたらした貿易の拠点としても栄えることとなる。こうした軍港や貿易港は、やや大袈裟に表現すると、公共財として交易に従事する世界中の帆船に開放されたため、貿易港として永続的に発展することにもなった。

全体として見れば、イギリスが世界規模で開拓した遠洋航海の主要なルートと海軍基地とは地理的にほぼ重なっており、それにより軍事的優位性を保ち、かつ経済圏を支配することも可能となったわけである。

海軍基地を守る陸軍の駐屯地

世界規模で海洋覇権を確立するためには、海外における海軍基地を安定的に維持すべきだとの考えから、イギリスは陸軍の海外駐屯地を開設することに踏み切る。陸軍の駐屯地はインド、西アフリカ、南アフリカ、オセアニアのように、イギリスの海外植民地として開発された場所と一致し、植民地経営にもそれが有利に働いた。

このようにイギリスが世界規模で海洋覇権を掌握し、海軍基地を建設、さらに植民地経営にも乗り出したことで、海外における陸軍兵士の需要は年々高まっていった。

アンドリュー・N・ポーター編著『大英帝国歴史地図』によると、一八四八年には総兵力が約一二万九七〇〇人であったのが、一八七六年には約一六万人へ、そして一八八一年になると約一八万九〇〇〇人へと急増していった。とりわけインドにおけるインド大反乱（セポイの乱、一八五七～五九年）のように、反英闘争がインド全土で発生し、インドの陸軍駐屯地の強化拡大が迫られたことも、大きな要因となっている。反英闘争を鎮圧し、ムガル帝国を消滅させ、インドを支配していたイギリス東インド会社を解散させると同時に、インド統治法を制定して、ヴィクトリア女王治世下のイギリスが、インドを直接統治する方式へ転換し、イギリス本国から大量の兵士がインドへ送り込まれることになった。

一九世紀後半になると、ヨーロッパ大陸でフランス、ロシアが海軍強化へ乗り出したため、イギリス本国防衛を強化するとの方針へ転換し、陸軍の海外駐屯地を整理縮小して、本国へ移動させるなど、国際情勢の変化によって兵力を臨機応変にシフトさせていた。

イギリスは一八四八～八一年の期間に、少なくとも三五ヵ所の海外駐屯地を建設している。インドだけでも約七万人を配置しており、ボンベイ（現ムンバイ）やカルカッタ（現コルカタ）などの沿岸部だけではなく、内陸部にも多数のイギリス兵を駐屯させた。世界規模で海洋を支配するために、イギリスは陸軍の海外駐屯地を増設せざるをえなかった。

石炭ステーションを全世界に確保

帆船に代わって蒸気船が一九世紀に建造されるようになり、イギリス海軍の軍艦も蒸気機関を搭載する時代を迎え、燃料となる石炭の確保と貯蔵が大きな問題として浮上してきた。イギリスは幸いにも国内に豊富な石炭を埋蔵しており、石炭を採掘して蒸気機関の燃料にすることに最適な国であった。

イギリス政府が海外で植民地を経営し、蒸気機関を搭載した艦艇が植民地の防衛に加えて民間商船の航路を守る時代を迎え、海外で石炭の安定的な補給が最重要課題として急浮上した。このためイギリス政府は一九世紀末までに、全世界で約一六〇ヵ所の石炭補給基地を確保した。石炭補給基地では五〇〇トン以上の石炭を貯蔵することになっていた（アンドリュー・N・ポーター編著、前掲書）。

こうした石炭補給基地には日本も含まれており、六ヵ所（小樽《おたる》、函館《はこだて》、厚岸《あっけし》、横浜、神戸、長崎）がリストアップされている。厚岸といえば、第二次世界大戦前に日本海軍が石油の燃料備蓄タンクを設置していたことがある。イギリス政府が一九世紀末、すでに厚岸に石炭補給基地を構えていたことを考えると、その先見性には目を瞠《みは》るばかりだ。

イギリス海軍は艦艇に搭載する蒸気機関の燃焼力を高めるため、ウェールズ産の石炭（ウェールズ炭、別名カーディフ炭）を使用するとの方針を打ち出し、海外の石炭補給基地にもイギリス本国からウェールズ炭をわざわざ運搬して貯蔵していた。イギリス海軍が寄港する主要な石炭補給基地には、ウェールズ炭が山積みされていた。このようにイギリス海軍は海洋覇権を掌握し続けるために、石炭などの燃料補給を含めて自己完結性をとても重んじていた。ウェールズ炭はウェールズ南部で産出され、石炭の積出港の名前からカーディフ炭とも呼ばれ、ウェールズの都市カーディフは二〇世紀初頭に世界最大の石炭積出港として知られるようになった。ウェールズ炭は燃焼効率がよく、無煙炭と呼ばれるように黒煙も少ないため、石炭としては世界最高品質のブランドとして認知されるようになった。当然のことながら価格は上昇し、市場ではブラック・ダイヤモンドと呼ばれるほどであった。

日本が日露戦争（一九〇四〜〇五年）でロシアのバルチック艦隊と戦った際、日本海軍は事前に大量のウェールズ炭を購入しており、連合艦隊はウェールズ炭で蒸気機関を動かして旗艦「三笠《みかさ》」を出撃させた。ところがバルチック艦隊はイギリスからウェールズ炭を購入できなかった。イギリス政府が許可しなかったためで、バルチック艦隊は品質の悪い石炭を利用せざるをえず、煙突から排出される黒煙の量が膨大で、艦隊が巨大な黒煙で覆われて、海上での視界が常に不良であったといわれている。

日本が対ロシア開戦に踏み切る際、イギリスは日本に対して各種の支援を行っていた。旗艦「三笠」の建造、燃料用ウェールズ炭の売却、バルチック艦隊の動向情報、バルチック艦隊に対してスエズ運河の通航拒否（それにともない、バルチック艦隊は南アフリカ喜望峰経由でインド洋を通航し、将兵は開戦の前に疲弊）など、日本に対して間接的に戦争協力をしていた。

海底ケーブルによる情報の帝国——目に見えない海洋覇権

イギリスは電信の海底ケーブル（電線）を敷設することで、情報も支配することができた。海外に海軍基地を建設し、海軍基地を守るために陸軍の駐屯地を併設すると同時に、イギリスは官民が協力して、全世界のイギリス植民地を電信でつなぐ海底ケーブル網を一九世紀末までに完成させていた。インテリジェンス（情報・諜報）の重要性を、世界でいち早く理解していたのだ。

現在の世界を振り返っても、海底ケーブルの接続本数を上位グループ（二〇一八年）でみると、イギリス（五五本）、アメリカ（五〇本）、中国（四三本）、日本（三四本）、シンガポール（二五本）、インド（二二本）、フランス（二〇本）、ブラジル（一三本）、ドイツ（一二本）オーストラリア（一〇本）の順位で、イギリスに接続している海底ケーブルが圧倒的に多い。もちろん大規模なデータセンターの世界シェアではアメリカ（四〇・二パーセント）が圧倒的に強い。しかし一〇〇年以上も前の世界ではデータセンターは存在せず、海底ケーブルの接続本数そのものが情報のハブを示す指標であった（「デジタル覇権　国家が争奪」『日本経済新聞』二〇一八年一〇月二九日付朝刊）。

イギリスは一八八七年の時点で、世界に敷設された海底ケーブル（Submarine Cables）の約七〇パーセントを、そして一八九四年には若干シェアを落としたとはいえ、約六三パーセン

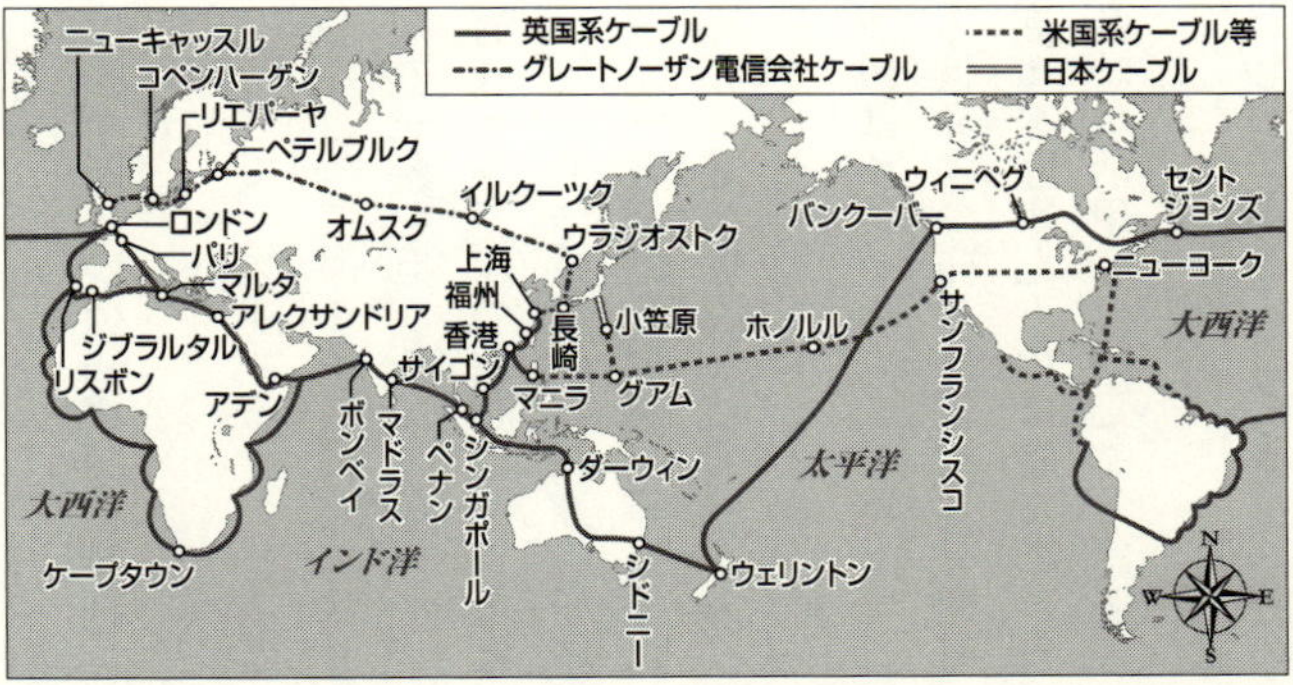

電信の海底ケーブルで結ばれた世界〔19世紀後半〕（大野哲弥『通信の世紀』をもとに作成）

トを支配していた。海底ケーブルを通じて海洋の情報帝国を築くことが可能となり、海洋覇権をさらに強化したことはいうまでもない。

アメリカは広大な国内で陸上ケーブルを敷設することに熱心で、海底ケーブルの敷設はイギリス任せであった。アメリカが海底ケーブルを必要とした際には、イギリスからケーブルを輸入していたほどで、自前で海底ケーブルを製造するようになったのは一九二〇年代になってからである。理由は定かではないが、フランスやドイツは海底ケーブルの製造に熱心ではなく、こちらも万事イギリス頼みであったらしい。

また北欧ではデンマークが海底ケーブル敷設に積極的で、一八六九年にグレート・ノーザン電信会社（日本では大北電信会社と紹介された）を設立して、ケーブル敷設の作業船をわざわざ日本と中国に派遣し、一八七一年にウラジオストク（ロシア）〜長崎

（日本）～上海（中国）の間に海底ケーブルを敷設した。ところが、資金の約七五パーセントはイギリスの金融機関が提供したものであり、イギリス製のケーブルを利用していたと推測される。

そして、後述するイギリスのETC社と競合しない地理的な範囲でのみ海底ケーブルの敷設を行っており、最終的にはETC社のケーブルと接続されて、イギリスの全世界ケーブル網の一翼を担うことになった。このように一九世紀後半から二〇世紀前半の世界を見る限り、海底ケーブルの敷設に関してはイギリス一強《いっきょう》の時代が続いた。

イギリス政府が軍用通信や植民地経営という戦略的な目的から海底ケーブルの敷設に乗り出す一方、民間企業はそれを新しいビジネスチャンスと考えていた。海底ケーブルの大半は民間企業が敷設したものであったが、イギリス政府は海底ケーブル敷設の許認可権を握ることで、イギリス本土と植民地を流れる電信の内容を極秘に検閲できた。全世界の主要な電信情報はイギリス本土を経由する仕組みを構築したため、イギリスは海底ケーブルで伝達される世界中の商品情報、外交機密、軍事機密を、いち早くキャッチできたのだ。検閲は当時、海軍や陸軍などの所管であった。平時にどの程度の検閲を行っていたのか定かではないが、戦時に活用していたことは明らかになっている。

独占企業イースタン電信会社の登場

イギリスではETC社と呼ばれるイースタン電信会社（Eastern Telegraph Company：一八七二年設立、社長ジョン・ペンダー）が、海底ケーブル事業をほぼ独占していた。ETC社はイギリス政府と緊密な関係を築くことで、イギリス植民地を結ぶ海底ケーブル事業を独占し、海底ケーブル事業はイギリスの官民連携の典型的な事例となった。

ジョン・ペンダーはETC社を設立する前に、ヨーロッパからインド地域を地理的に分割して複数の会社を設立し、電信ケーブルの収益性や技術的な問題を慎重に観察しながら、企業の将来性を見極めていた。一八六八年から一八七〇年の三年間に、ジョン・ペンダー社長はファルマス・ジブラルタル・マルタ電信会社、イギリス・地中海電信会社、マルセイユ・アルジェ・マルタ電信会社、地中海電信拡張会社、イギリス・インド海底電信会社など、少なくとも五社を設立させている。

これらの電信会社はイギリスとインド植民地を結ぶ海底ケーブルの敷設・管理・修理をしており、イギリスの生命線であった（電信会社の興隆についてはD・R・ヘッドリク『インヴィジブル・ウェポン――電信と情報の世界史1851-1945』が詳しい）。

地理的に限定して電信会社を設立するビジネス・モデルは、すでに一六世紀のエリザベス一世時代に編み出されており、およそ三〇〇年の歴史をもつ。たとえば一社の業績が悪化しても、他の企業が悪影響を被《こうむ》らないような仕組みで、採算性の低い企業は閉鎖し、全体として採算が合えば企業統合をして大企業へと成長させる。

ここで誕生したのが巨大なETC社であった。ペンダーの資金源は、マンチェスターで成功した綿織物製造業の収益をほぼ全額投入したもので、自己資本が核になっており、資本主義社会を体現していた。

かくしてイギリスでは、政府と共に民間企業のETC社が海洋覇権の確立に寄与することになった。官民が連携したことでイギリスは、通信という目に見えないもう一つの海洋覇権を掌握できたのである。

世界中がイギリス経由で情報伝達

海底ケーブルが通過する各国では、各国政府がケーブル敷設を許可する見返りとして、政府がケーブルを利用する際に低価格でのサービス（電信会社側の減収）を強制していたが、イギリス政府はそのような低価格サービスを一切求めなかった。イギリスは自由貿易の旗手として世界貿易に君臨していたが、情報の世界でも同じであった。国際電報を海底ケーブルで送受信する際に、イギリス経由は最もコストが安く、表向きには政府による介入がなかったため、各国の電信会社は安心してイギリス経由の電信を利用していた。

このためフランスの電信会社でさえ、アメリカとの間で海底ケーブルを敷設する際に、すべてのケーブルを海底に敷設するのではなく、仮想敵国のイギリス本土を経由して、イギリス国内の陸上ケーブル（陸上電線＝陸線）を利用していた。陸線を利用することで、高価な海底ケーブルの敷設コストを大幅に軽減させることができたからである。

ドイツもアメリカとの電信は、コストが安いイギリス経由、フランス経由、北欧経由で電報を送っていたが、フランスも北欧諸国も当初はイギリス経由での回線しか所有していなかったため、ヨーロッパからアメリカへの電信はほぼイギリス経由となり、イギリス政府が極秘に電報の中身を検閲することを可能にしていた。

たとえば第一次世界大戦中に、ドイツのツィンメルマン外相がメキシコ政府へ電報を打ち、アメリカへの参戦を打診した極秘電報は、イギリスの海底ケーブルを利用して送信されたため、すべてのイギリス系海底ケーブルを検閲下に置いていたイギリス政府の知るところとなった。イギリス政府がインテリジェンスの重要性を早くから認識していた好例である。イギリスはアメリカ政府に対してツィンメルマン極秘電報を提供し、アメリカの対ドイツ参戦を後押しすることができた。

この際、イギリスは巧妙にもメキシコの電報局から極秘電報が流出したとのフェイクニュースを流し、イギリス政府がケーブル電信を秘密に検閲していることを隠し通すという、インテリジェンスの高度な裏技も見せつけた。このようにしてイギリス政府は、海底ケーブルを通じて情報の帝国を静かに、そして密《ひそ》かに築き上げていった（第3章参照）。

日本が海底ケーブルで結ばれる

モールス電信機が初めて日本にもたらされたのは一八五四年で、アメリカ海軍のペリー提督が「開国」を迫るために黒船で再来日した際に、幕府に献上したものであった。日本が電信で英米と結ばれるのは、それから一八年後の一八七二年である。

イギリスがフランスとの間で海底ケーブルを通じた電信をはじめたのが一八五一年で、その一五年後の一八六六年にイギリスとアメリカは、大西洋の海底に敷設した電信ケーブルで結ばれた。日本に海底ケーブルが初めて敷設されたのが一八七一年、そして日本がイギリスと電信で連結したのは翌年の一八七二年であった。明治元年（一八六八年）から数えて四年目に、東京はロンドンと電信で結ばれたことになる。

日本に海底ケーブルを敷設したのは、前出の北欧デンマークの電信会社グレート・ノーザン電信会社であった。どうしてデンマークの企業が海底ケーブル事業に参入したかといえば、デンマーク人の銀行家と海軍将校が意気投合して企業を設立し、国威発揚のため極東アジアで海底ケーブル敷設を構想したという。ウラジオストク（ロシア）〜長崎（日本）〜上海（中国）の三ヵ所を海底ケーブルで結ぶ計画を立て、イギリスの金融機関を何とか説得して着工に漕ぎつけた。日本からロンドンへの電信は、上海経由の南回りと、ウラジオストク経由の北回りの二系統が運用されることになった。

念のために資金源を調べてみたところ、前述したように、イギリスの金融資本が総工事費用の約七五パーセントを負担しており、背後にイギリス資本が控えていた事実が判明した。しかもイギリスの独占企業体ETC社と競合しないように棲み分けをしており、やや表現は悪いが、イギリス人から見ればデンマーク企業はイギリスの下請けのような存在であったようだ。

この時代は機器の発明が相次いだ。スコットランド出身のイギリス人で、後にアメリカ国籍も取得したアレクサンダー・グラハム・ベルが電話機を発明したのが一八七六年、フィラデルフィアの万国博覧会に出品して世界的に注目された。イタリア人の発明家グリエルモ・マルコーニが無線通信の実験に成功したのが一八九五年である。交通手段では蒸気船（一八〇七年）や蒸気機関車（一八一四年）が発明されている。一九世紀は市民革命の時代であると同時に、発明の世紀でもあった。

この発明の時代に世界中を海底ケーブルによって結ぶことで、イギリスはインテリジェンスの海洋覇権を掌握することができた。

大英帝国の海軍の規模

イギリスの歴史は海戦の歴史でもある。すでに述べたように、一六世紀には大国スペインの無敵艦隊を相手にゲリラ戦を繰り広げて、強風などの気象変化を味方に勝利を収め、一七世紀は貿易競争のライバルであったオランダとの間で英蘭戦争を行い、オランダを疲弊させ、イギリスが海洋覇権を獲得する転換点を作った。一八世紀から一九世紀にかけては大国フランスとの戦いを勝ち抜き、海洋帝国としての覇権を確立していった。ヨーロッパ諸国との戦争に挑むたびに海軍の規模は拡大し、海洋大国を支えた。

海洋覇権を確立していった一九世紀の艦艇数（就役中）を見ると、一八四八年が二三五隻、一八七五年が二四一隻、そして一八九八年が二八七隻というように上昇傾向を示している。これらの艦艇には、当時でいえば大型帆船の戦闘艦もあれば、輸送用に配備された多数の小型・中型帆船もあり、すべてが戦闘艦というわけではない。実戦で最前線に配備されていた戦闘艦は一八四八年に一七隻、一八七五年に二〇隻へと微増し、そして一八九八年には五二隻へと急速に増強された（アンドリュー・N・ポーター編著、前掲書）。

一九世紀中ごろになると、帆船に蒸気機関（燃料は石炭）を搭載した汽走軍艦が登場するようになる。幕末の日本に開国を迫ったアメリカ海軍ペリー提督が率いる「黒船」艦隊は、まさに汽走軍艦で編成されていた。蒸気機関の燃料は当初、石炭であったが、二〇世紀になると石油（重油）を燃料としたエンジンを搭載した軍艦が登場するようになる。海軍のエネルギー革命である。

軍事政策としての海洋覇権と二国標準主義

一九世紀後半になると、フランス、ドイツ、ロシアなどヨーロッパの中核国を見ても、イギリス海軍に単独で太刀打ちできる戦力を保持した国はなく、名実ともにイギリスは海洋大国になった。しかしながら、イギリス海軍当局の脳裏には、権謀術数が渦巻くヨーロッパ大陸では将来的に何が起きるかわからないという不安が常に存在していた。

イギリスは海洋覇権を確実にするため、一八八九年に「二国標準主義（Two-Power Standard）」という新たな政策を導入した。「二国標準主義」とは、イギリスを世界第一位の海軍パワーと規定したうえで、第二位と第三位の海軍パワーを仮想敵国（第二位はフランス、第三位はロシア）として捉え、これら二つの海軍パワーの合計より、単独でイギリス海軍が優位に立つべきである、とした原則である。

イギリス本土を取り囲む海洋安全保障の地理的空間――北海、ドーヴァー海峡、イギリス海峡、大西洋の制海権を確保し、イギリスと海外植民地を結ぶ海上貿易ルートを防衛するために編み出された海軍政策である。

基本的な発想は、ヨーロッパ大陸の複雑な同盟・敵対関係を見据えて、大陸の国々が突如として敵対する国になるリスクを踏まえ、イギリスへの脅威は不確実性に満ちあふれているとの危機感をベースにしている。

海軍政策として二国標準主義を導入したことで、イギリス海軍は一八九八年の段階で、五二隻の戦闘艦を含む二八七隻の艦艇を保有する世界第一位の海軍大国へと躍り出た。どの国とも同盟関係を結ばずに、イギリスは単独で大英帝国を守ることができるとの確信から、

「光栄ある孤立」を享受した。

しかし「光栄ある孤立」はそう長続きせず、フランスの軍備拡張に加えて帝政ロシアが海軍を強化したため、イギリスが海外に保有する植民地が脅かされるようになった。ロシア帝国は不凍港を求めて南下政策を採用していることから、イギリスが権益をもつ中国大陸、インド亜大陸、中東アラブ地域が脅かされるのは時間の問題であると、イギリス政府当局者は確信していた。

ロシアの脅威を軽減し、イギリスがロシアとの直接軍事対決を回避する手段として、イギリスは日本との軍事同盟である日英同盟を一九〇二年に締結した。「光栄ある孤立」政策を放棄し、日英同盟を締結することによって、イギリスは中国大陸での権益を日本と共同で守ることが可能となった。

その二年後に、日本はロシアとの間で日露戦争を戦うことになる。前述のように、それを見越してイギリスは日本への融資を決断して日本海軍を強化し、バルチック艦隊などロシア軍に関するインテリジェンスを日本に提供することにより、日本をロシアとの戦争で勝利に導く——これがイギリスの戦略であった。

日本海海戦で、ロシアのバルチック艦隊が日本海軍によって壊滅状態に追い込まれた結果、ロシアはアメリカの和平調停、そして敗北を受け入れた。バルチック艦隊が実質的に消滅したことで、イギリス海軍を脅かす北方の脅威がなくなり、ロシアの南下政策に歯止めをかけることができたため、イギリスの海洋覇権は盤石になったはずであった。

挑戦国ドイツの登場

ところがイギリスに悠然と挑戦してくる国が、ヨーロッパ大陸に登場してきた。ヴィルヘルム二世を君主に戴くドイツが、国家政策として海軍力の強化を打ち出し、鋼鉄製の大型軍艦を建造し、海洋覇権を獲得しようとしてきた。イギリスはドイツの脅威を念頭に、一九〇六年に大型の主砲のみを搭載し、副砲を廃止した世界最大の鋼鉄軍艦「ドレッドノート」を建造した（第3章参照）。ドイツも軍艦建造の大型化に追従したことで、一九〇九年ごろになると英独海軍競争が激化の様相を呈し、英独戦争がささやかれるようになった。この延長線上に第一次世界大戦が到来する。

映画『タイタニック』で知られるイギリスの大型豪華客船「タイタニック号」が、イギリス南部のサウサンプトン港から出航し、フランスの港町シェルブールに寄港後、大西洋を横断してアメリカへ向から途中、浮遊していた氷河に激突して沈没したのが一九一二年四月であった。まさに鋼鉄製の大型艦船の建造が、二〇世紀初頭の世界的な趨勢であった。

ドイツもこれに追従したため、皮肉にもイギリスは二国標準主義を維持することが困難となり、海洋覇権が脅かされることになる。いままでイギリスが保有していた旧来型の帆船式軍艦や汽走軍艦が、やや大袈裟な表現を使うと、一晩で役に立たなくなったからだ。

英独間の海軍競争が激化するなかで、イギリス海軍は一九〇九年に、ドイツ海軍に関するインテリジェンスを収集するため、秘密情報局を極秘に設立した。秘密工作員ジェームズ・ボンドが活躍するイアン・フレミング原作のスパイ映画『007』シリーズでは、秘密諜報機関MI6を舞台にイギリスの対外工作活動が描かれているが、この機関の前身である。

イギリスとドイツは、自国を取り巻く海洋の地理的な空間で、優越した地位を確保したいとの基本政策を打ち出し、海軍の増強に傾注する。この結果、第一次世界大戦で両国の海軍が激突することになった。

大手の海運会社P&Oとキュナード

イギリスが一九世紀に海洋覇権を確立させたのは、海軍力のみが優れていたからではない。民間企業のグローバル展開によって、イギリス中心の海洋経済インフラも整備されたからである。前述の海底ケーブルがそうであったように、海外との定期航路は民間企業が担っていた。地理的な発想から海洋空間を捉え、イギリス政府が民間の大手船会社と連携して海洋を支配していく仕組みが一九世紀に頂点を極めた。

一九世紀は帆船から蒸気船へ、木造帆船からスチール製の艦船へ、木造とスチールを併用した艦船、蒸気船でも外輪（パドル）を動かした外輪船、同じ蒸気船でも外輪を取り除いてスクリューへ移行したスクリュー船への大転換が起きた。

時代の最先端を走るのは、いつの時代でも民間企業である。イギリスでは大手船会社のP&Oやキュナードがその代表格であった。大手企業は資金力もあり、独裁的な経営が多いため、経営判断は速い。しかし経営判断を一歩誤ると倒産の憂き目に遭遇するが、時代を先読みできた者だけが海洋マーケットを支配できるチャンスを握っていた。

スコットランド生まれのイギリス人発明家ジェームズ・ワットが開発した蒸気機関を、アメリカ人画家・発明家のロバート・フルトンが応用して河川用の蒸気船を建造し、この蒸気船を外洋航路で活用したのがイギリスの船会社であった。

蒸気船による安定的な海上輸送がグローバルに拡充されたことで経済活動がさらに加速され、イギリスの海洋覇権の強化につながった。とりわけイギリス政府が郵便輸送業務を委託した二つの大手海運会社には多額の補助金が支給され、イギリスの海洋ネットワークを盤石なものにしたことは言うまでもない。

イギリス政府は一九世紀後半、民間の二大海運会社として知られるP&O（Peninsular and Oriental Steam Navigation Company の略称：一八三七年創業）およびキュナード（Cunard：一八三九年創業）と郵便輸送契約を結び、多額の補助金を提供して外洋定期航路を拡充させた。イギリスが得意とする棲み分けをさせ、キュナードには大西洋航路を、P&Oには地中海から東インド（インド洋〜南シナ海〜東シナ海〜太平洋）への航路を担わせた。

イギリス政府は両社へ補助金を提供して企業経営を安定させると同時に、有事には兵員や

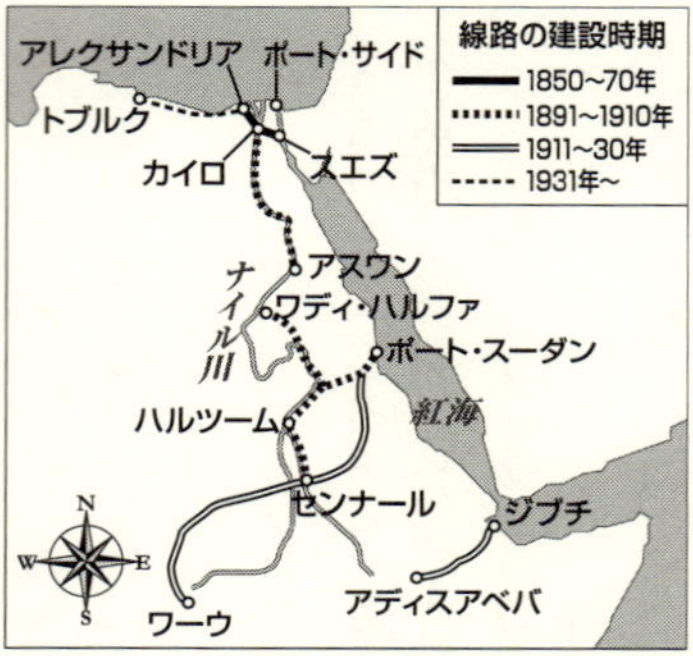

スエズ運河と鉄道（小池滋、和久田康雄、青木栄一編著『鉄道の世界史』をもとに作成）

軍事物資の輸送など戦争任務に協力させることによって、戦争遂行の歯車となる重要な役割を演じさせた。しかし良いことばかりではなく、公務員や兵士、さらに宣教師の乗船には割引運賃が適用されたため、両社とも収益が圧迫されることもあった。また二〇世紀になると二つの世界大戦があり、多くの船舶を失うなど悲哀も経験している。

スエズ運河の建設をめぐる暗闘

一九世紀の海洋覇権を語る際に、スエズ運河の開通に触れずにおくことはできない。地中海と紅海を結ぶスエズ運河は、世界貿易に革命を起こした。喜望峰（ケープタウン）経由と比べて約八〇〇〇キロメートルの航路を短縮できたからである。スエズ運河建設と開通に対し、地政学的にイギリス政府がどのように関わったかを分析してみよう。

スエズ地《ち》峡《きょう》部《ぶ》は全長約一六三キロメートル、現在は南北の進入用水路を含め約一九五キロメートルである。この壮大な運河が完成したことで、ヨーロッパ大陸からインドへ向かう遠洋航海の最短ルートが一九世紀に誕生した。運河の構想を主導したフランスの元外交官フエルディナン・ド・レセップス（一八〇五～九四年）が一八五九年に掘削《くっさく》を開始してから、ちょうど一〇年の歳月を経た一八六九年一一月一七日に運河は完成した。二〇一九年一一月は、スエズ運河開通一五〇周年の節目となる。

もともとレセップスは、個人レベルでエジプトの地元有力者と協力してスエズ運河の建設を推進し、イギリスやヨーロッパ各国に資金協力を依頼したが、不調の連続であった。最終的にフランス政府から全面的な資金協力を仰ぐことで、ようやく完成に漕ぎつけることができた。

彼の建設構想は誰からも歓迎されそうなものに見えるが、実際はそうではなかった。フランスと犬猿の仲にあったイギリスは、レセップスの構想に冷淡であったばかりでなく、パーマストン首相（在任一八五五～五八年、五九～六五年）はイギリス政府を挙げて構想をつぶそうと外交を展開したほどである。

イギリス政府の度重なる嫌がらせにもかかわらず、運河が完成してしまうと、今度は一転してベンジャミン・ディズレーリ首相（在任一八六八年、七四～八〇年）がスエズ運河の買収に乗り出す。一八七五年にはスエズ運河会社の株式の半数を買収し、それまで筆頭株主であったフランス政府を差し置き、イギリス政府は一夜にして筆頭株主の座に着いた。

その際、ユダヤ系の血を引くディズレーリ首相は国庫からではなく、ドイツ出身でユダヤ系金融資本家としてロンドン金融界に君臨していたライオネル・ド・ロスチャイルド（創業者ネイサン・マイヤー・ロスチャイルドの長男）から四〇〇万ポンド（全株式の四四パーセント）を借金し、株式買収の費用に充てている。

ロスチャイルドから極秘情報

そもそもスエズ運河会社の株式が大量に売り出されるという極秘情報は、ロスチャイルドが密かにディズレーリ首相へ

ディズレーリ

提供したものであった。

エジプトの副王（Viceroy：副王と訳すが、元首の地位が形式的な場合は実質的な国王）サイードは運河の完成を見ずして一八六三年に世を去り、後継者としてイスマイール・パシャが副王に就任した。イスマイールは近代化路線を推し進めたが財政は火の車で、瞬く間に破綻状態に陥った。運河は完成していないため船舶から徴収するはずの通航手数料は手元になく、公共投資に莫大な金額を投じたことが主な原因であった。

この状況を改善するために、イスマイールが考えた唯一の解決策は、スエズ運河会社の保有株式のすべてを売却することであった。この極秘情報を摑んだのがロスチャイルドである。情報を制する者が、世界を制すると確信しているロスチャイルドは、エジプト王家に情報網を張りめぐらせていた。

フランス政府がこの極秘情報をキャッチしてしまうと、エジプト王家が保有する株を買い占めてスエズ運河を完全支配することが可能となり、それによってイギリスの海洋覇権が脅かされる危険性があると、ロスチャイルドはディズレーリ首相に伝えていた。とはいえ、イギリス政府とて国家に潤沢な予算があるわけではなく、即金でスエズ運河株を買い取ることはできなかった。

そこでディズレーリ首相が思いついた奇抜なアイデアが、情報源のロスチャイルドから全額を借金して、エジプト王家から放出された株式をすべて購入することであった。首相から巨額融資を打診されたロスチャイルドは融資の条件として担保を求めた際、イギリス政府そのものが担保になるという予想外の返事であったという逸話が残っている。

世界初の国際運河

株式保有を通じ、フランス政府との間で運河の共同管理を行うまでに権限を強めたイギリス政府は、エジプトに確固とした地歩を築いた。一八八二年になると、イギリス政府はエジプト国内で発生した反乱を制圧するために派兵し、スエズ運河を防衛するとの理由からイギリス兵を駐留させてエジプトを実質的な支配下に置いた。

その後の展開に多少触れておくと、オスマン帝国のコンスタンティノープル（現イスタンブール）で一八八八年に、「スエズ国際運河の自由通航」をめぐる国際会議が開かれ、国際運河として戦時と平時を問わず、あらゆる国の船舶が自由に通航できるとのコンスタンティノープル条約が調印された。

この条約によって世界初の国際運河が誕生した。この瞬間に新しい海洋ルール、海洋秩序がヨーロッパの大国間で生まれたことになる。これに倣って太平洋と大西洋を結ぶパナマ運河（一九一四年開通）も国際運河として艦船に開放されることになった。

本条約の参加国はオスマン帝国（エジプトの宗主国）、イギリス、フランス、オランダ、ドイツ、オーストリア＝ハンガリー、イタリア、スペイン、ロシアの九ヵ国で、ヨーロッパの主要な国が調印国となった。しかしながらイギリス政府は、英仏協商（一九〇四年）が成立するまで本条約を批准しなかった。スエズ運河はイギリスにとって戦略的な価値をもち、無条件で運河をすべての国々に開放することを躊躇したからだ。

これを解決するためにフランスとの間で外交的な取り引きを行い、英仏協商に調印したのである。英仏協商とは、植民地の分割を相互承認した条約で、イギリスはエジプトで優越権を、フランスはモロッコで優越権を獲得できることを相互に承認したものであった。軍事大国化するドイツに対抗するとの共通認識が、英仏両国にあった。

第一次世界大戦が勃発した一九一四年には、エジプトの宗主国オスマン帝国がドイツ陣営（イギリスの敵国）に参加したため、イギリス政府はエジプトを保護国にするとオスマン帝国に通告し、フランスの影響力を一掃して、海洋覇権を掌握し続ける手を打った。

地平線が広がるスエズ運河

スエズ運河の開通によって、ヨーロッパ大陸からインドへ向かう遠洋航海の最短ルートが完成した。いままでヨーロッパ大陸からインドへの航海は、大西洋を南下して南アフリカの英領ケープタウン経由でインド洋を北上するルートしかなく、スエズ運河の開通により航海日数は大幅に短縮されることになった。開通当時で見ると、航海が約六〇日も短縮されることとなり、スエズ運河が貿易の大動脈になることは明白であった。

筆者が海上自衛隊の遠洋練習航海に参加した折に、練習艦「かしま（TV三五〇八）」に乗艦して、陽光まばゆい美しい地中海からスエズ運河を通峡する機会に恵まれたことがある。夜の帳《とばり》が下り、夜景が美しい港町ポート・サイドの沖合で錨泊しながら、通峡の順番を待つ。通峡は船団を組んで艦船がグループ化され、タイム・スケジュールに従って順番で通峡する仕組みで、艦船がいつでも自由に通峡できるわけではない。

乗艦して初めて知ったのだが、スエズ運河の通峡は軍艦が先頭で、民間商船はその後に続くことになっている。そういえば一八六九年に開通した際も、フランス海軍所属のインペリアル・ヨット（蒸気船と帆船を組み合わせた汽帆船、ロイヤル・ヨットとも呼ばれる）が先陣を切っていた。この時以来、軍艦を先頭にする習慣がいまでも脈々と受け継がれている。

いざ通峡の段階になると、ポート・サイドから小型の連絡船に乗ったエジプト人のパイロット（水先案内人）が、沖合で待機している「かしま」に乗艦して艦橋（ブリッジ）に陣取り、安全運航の指揮を執る。安全運航には欠かせない存在だそうで、艦艇が通峡する際の取り決めとなっている。運河は驚くほど水平で、練習艦「かしま」はゆっくりと通峡し、波一つ立たない。パナマ運河のように急な段差がなく、遠方は高温多湿で発生する薄い靄《もや》に包まれているため、視界は良くない。

地中海から入峡して、進行方向左手の砂漠地帯は自動小銃を構えた軍人が常時警備にあたり、町らしきものは見当たらない。逆に右手には村落が点在し、エジプト人の生活圏であることがわかる。日本政府が支援して建設した日本エジプト友好橋（二〇〇一年完成）を通りすぎてからも、まことに単調な風景が延々と続くのだが、突如として紅海が目の前に迫り、運河を通峡する旅は終わる。

イギリスの思惑

スエズ運河をめぐって、イギリスが相反するとも言える対応、つまりスエズ運河の建設に大反対しておきながら、竣工後は手の平を返すように買収に乗り出した裏には以下のような二つの理由がある。

第一の理由は一六世紀以来、営々と作り上げてきた喜望峰（ケープタウン）経由の航海ルートが無意味な存在になることへの抵抗であり、第二の理由は競争相手フランスが中東アラブ圏で影響力を増大させ、イギリスの海洋権益に損害を与えるという危惧であった。話が少し戻るが、そのあたりの事情を述べてみよう。

スエズ運河が開通する以前は、ヨーロッパ諸国からインドへ向かう遠洋航海は、アフリカ南部の喜望峰を経由する伝統的な貿易ルート（大西洋〜インド洋）しかなく、最大の受益者は航路を支配していたイギリスであった。航海の日数が長いため、輸送日数を短縮するための工夫を重ね、エジプトの砂漠を横切る陸送方式が考案された。

陸送のためには多数のラクダが動員され、港での荷揚げ作業ではアフリカ象を使った。物語さながらに、異国情緒あふれるラクダのキャラバン（隊商）が灼熱の砂漠を踏破していたわけだ。キャラバンを使った地中海から紅海への陸送でも、イギリスは最大の受益者であった。

陸送の手段はラクダを使った伝統的な輸送形態から、一八五〇年代には蒸気機関車が走る鉄道へと進化していった。イギリスは砂漠を横切る鉄道路線（アレクサンドリア港〜カイロ〜スエズ港）を完成させた。アレクサンドリア港からカイロへ向けて一部の区間が一八五四年に開業し、それから数年かけてスエズ港へと鉄道が延設されていった。

船舶で貨物を地中海に面したアレクサンドリア港まで海上輸送し、そこから鉄道でカイロを経由して紅海に面したスエズ港まで輸送、そしてスエズ港に停泊している東インド会社の船舶に貨物を積み込み、インド方面に向かうというルートだ。

イギリスで蒸気機関車を使った鉄道を一八三〇年に開通させたのは、ジョージ・スティーヴンソン（一七八一～一八四八年）だが、その息子ロバート・スティーヴンソン（一八〇三～五九年）は蒸気機関車を海外へ輸出する事業を手掛け、エジプトでの鉄道敷設にも参画して、イギリス本国から高価なスティーヴンソン社製蒸気機関車を持ち込んだ。こうしてエジプトでの鉄道建設はイギリスが官民を挙げて取り組むことになり、中東地域におけるイギリスの影響力を如実に増大させた。

この鉄道事業がようやく軌道に乗ってきた矢先に、スエズ運河の建設構想が持ち上がった。もし運河が開通すると、イギリスの鉄道路線は無用の長物になってしまう。わざわざイギリスから運んできた蒸気機関車や客車は無意味な乗り物になってしまい、大損害を被ることになる。鉄道事業などの既得権益を破壊するとの観点から、イギリスはスエズ運河建設に反対したのである。

フランスの脅威

次に第二の理由として、フランスの存在がある。スエズ運河の構想を強力に推進していたのが、競争相手であり、時には仮想敵国になるフランスであることが、イギリスを強く刺激した。他方、フランス政府はかねてよりイギリスの海洋覇権を苦々しく思っていた。そのため、スエズ運河の建設は、自国の支配力を拡大し、イギリスの海洋覇権を切り崩す好機であると見ていた。

フランスの政治的思惑を阻止するため、イギリス政府は各国に呼び掛けて資金協力を断念させるなど、さまざまな外交努力を繰り広げた。もちろん国内が一枚岩というわけではなく、運河建設に賛成派も存在していたが、イギリス政府はあくまで反対の立場を貫いた。

最終的にフランス政府が最大のスポンサーとして名乗りを上げ、運河の建設が一八五九年に着工され、一八六九年に開通した。運河開通の記念式典が開催され、最初に運河を通峡した船は、前述のようにフランス海軍所属のインペリアル・ヨット（汽帆船）であった。

レセップスの夢

もともとスエズ運河の開通は、フランスの元外交官フェルディナン・ド・レセップスの夢物語からはじまった。彼は外交官の家庭に生まれ、中東地域を広く旅しており、とりわけ父親が赴任したエジプトに愛着が強かった。父親と同じように外交官になったレセップスは、ついにエジプトに駐在する機会を得て、その時に英雄ナポレオン・ボナパルトがスエズ運河の建設構想を抱いていたことを一冊の報告書から知った。それはスエズ地峡に運河を建設して地中海と紅海を結ぶという壮大な構想であった。レセップスは、ヨーロッパ諸国を回って資金調達を行い、技術者を雇って艱難辛苦《かんなんしんく》の末にスエズ運河を開通させた。現代風にいえば、コーディネーターとして資金と技術者を集める活動をしたわけだ。とりわけイギリスには足しげく通ったが、体よく断られ、交渉は実を結ばなかった。

当時のエジプトは、宗主国のオスマン帝国から半独立状態（形式的にはオスマン帝国の一部だが、現実にはエジプト人の王が統治）に置かれており、ムハンマド・アリ一族が実質的に支配していた。その息子サイード・パシャが一八五四年、副王に就任したことで、サイードと親交があったレセップスが運河建設の構想を持ちかけ、首尾よくサイードから運河の開削《かいさく》許可を取り付けた。レセップスがサイードの幼少期に馬術を教えたことが機縁となっている。

こうして運河の掘削事業を手掛ける万国スエズ海洋運河会社（通称はスエズ運河会社）が一八五八年に設立された。地中海側の入り口にある港町ポート・サイドは、運河建設を決断したエジプトの副王サイードの名前に由来する。

ヨーロッパ各国から資金を調達し、夢のスエズ運河を建設するとの意気込みで、二人はスエズ運河会社を設立したのだが、イギリス政府は株式の取得を拒否したばかりでなく、運河の建設に激しく反対し、オスマン帝国にも手を回して、運河構想を頓挫させようと画策した。

このためフランスを除くヨーロッパ諸国は株式の取得に消極的となり、最終的にエジプトの副王が四四パーセントの株式を保有することにして、スエズ運河会社はスタートしたという経緯がある。なぜイギリスがスエズ運河建設にこれほどまでに反対したのかは、前述のとおり、イギリスの権益が脅かされるからに他ならない。

妻に先立たれて独り身であった六四歳のレセップスは運河が開通した直後、四三歳も年下の女性と再婚し、八九歳で他界するまでに一二人の子供に恵まれたという。晩年はパナマ運河の建設構想に奔走したが、多数の作業員が熱帯病に悩まされ、地形的に難工事のため工期が延びて多額の債務を抱え、社長を務めていたパナマ運河会社は倒産した。

マッキンダーの地政学

イギリスが海洋覇権を確立した一九世紀後半に登場した、オクスフォード大学教授で、後に保守党の政治家になったハルフォード・マッキンダー（一八六一～一九四七年）について触れたい。「地政学の祖」と呼ばれるマッキンダーは、地理学を政治、歴史、文明の観点から縦横に議論した初の地理学者だが、講演録や著作を見る限り「地政学」という言葉を一切使っていない。あくまでも後世の研究者や新聞記者が、マッキンダーを「地政学の祖」と表現したということらしい。

「東欧を支配する者はハートランドを制し、ハートランドを支配する者は世界島を制し、世界島を支配する者は世界を制する」――マッキンダーが二〇世紀初頭に残した有名な一節である。ハートランドとは世界の心臓部を意味し、当時の状況を振り返るとユーラシア大陸の中央部を指している。世界島とはヨーロッパとアフリカを合体させたもので、ヨーロッパもアフリカも大陸であるにもかかわらず、あえて「世界島」と表現されている。「島国」イギリスから世界を鳥瞰したものだ。

イギリスはアフリカを植民地として支配し、エジプトのスエズ運河を買収して世界貿易の大動脈を押さえていたため、アフリカは当時のイギリスにとって特別な意味をもっていた。「世界島」という概念には、イギリスの海洋史観が反映されている。

海洋国家イギリスの視点からは、どの国がハートランドを制する可能性があるかといえば、ドイツとロシアであった。イギリスは一九世紀を通じてフランスを押さえ込んだとの認識があり、残るはドイツとロシアであった。この段階でアメリカは視界の外に置かれている。

要するに、ヨーロッパ大陸に大ドイツや大ロシアが出現して大英帝国を脅かすようになる危険性を排除するために、イギリスの根底には、海洋覇権を維持し続けなければならないという問題意識があった。

そのイギリスも、第一次世界大戦により疲弊し、急速に国力が弱まっていく。そして二〇世紀初頭、イギリスに比肩する海洋パワーとして躍り出てきたのが、アメリカである。

第2章　クジラが変えた海の覇権

一九世紀後半から、じりじりと海洋パワーとして頭角を現してきたのがアメリカである。アメリカは一九世紀前半から、貿易船や捕鯨船を世界の海に繰り出すことを手始めに、海洋覇権確立への第一歩を踏み出した。本章では、「フロンティア国家」としてのアメリカが捕鯨を通じて本格的に海洋フロンティアを開拓し、地政学的な発想で海を捉えていった経緯を詳述する。そこには海洋の秩序観などはなく、がむしゃらに世界中で鯨油《げいゆ》（クジラのオイル）を求めるという激しい民間の利益追求が展開されていた。民間の後押しを行ったのがアメリカ海軍であり、まさに捕鯨は官民一体のプロジェクトであった。

捕鯨という海洋フロンティア——エネルギー資源の確保

増田義郎《ますだよしお》らの歴史学者は、世界が帆船の航海で結ばれることを「大航海時代」と命名した。ヨーロッパの「大航海時代」が一五世紀から一七世紀前半ならば、アメリカにとっての「大航海時代」とは、おそらく一八世紀から一九世紀であるといえよう。

一八世紀後半に、アラスカ（一八六七年にロシアからアメリカに売却）で調達した毛皮（アザラシやラッコ）を満載して、捕鯨船より一足早く、貿易船がアメリカ東海岸の港から出航した。大西洋を南下し、アフリカ南部の喜望峰（ケープタウン）を経由してインド洋、さらに南シナ海へと航海していたが、それらはほぼすべてイギリス東インド会社の支配下で行われた。中国やインドで毛皮を販売し、帰路ではアジアの特産品（茶、生糸、絹織物、ジュート、陶器など）を仕入れて北米に持ち帰って利益を上げた。

その貿易船のなかには、東インド会社との間で傭船《ようせん》契約を結び、東アジア海域での操業を通じて、日本近海には豊富なクジラ資源があるとの情報を得るものも出てきた。こうした情報の積み重ねの上に、太平洋での大規模な捕鯨の操業が繰り広げられることになる。

一九世紀を通じて捕鯨業は隆盛を極めたが、一八六〇年代から一八七〇年代になると、石油から精製された灯油が出現したことで捕鯨業は徐々に凋落《ちょうらく》し、二〇世紀になると衰退産業へと変貌するわけだが、まず捕鯨が一大産業となって、アメリカにとっての海洋フロンティアとなる次第を追ってみよう。

クジラ・ブーム到来

捕鯨とは、漁船でクジラ（鯨）を捕獲することで、アメリカではそれが大ブームとなった。捕鯨がブームになった理由は、照明用ランプの燃料として、鯨油を使うことが考案され、急速に需要が高まり、エネルギー資源として爆発的な人気を博することになったからである。イギリス社会でも同様で、クジラを求めて日本近海に初めて出没したのは、実はイギリスの捕鯨船であったという。

鯨油のことを、鯨蠟《げいろう》とも呼ぶ。鯨油は時計、ミシン、タイプライター、各種機械の潤滑油としても重宝がられ、それ以前に普及していた蜜蠟、植物性油脂、動物の獣脂を原料としていた蠟燭《ろうそく》（キャンドル）の灯火は、瞬く間に姿を消した。今から見れば考えられないことだが、クジラは照明用のオイルのほか、その骨は女性用のコルセットに、そしてヒゲは歯ブラシなどにも利用でき、それ以外としては汚れを落とす洗濯用の石鹸として活用されたため、クジラを解体しても廃棄する部分がないほど、クジラ一頭の有用性はきわめて高いものであった。鯨製品、鯨油なしの生活が考えられないほど、クジラは生活の必需品になっていた。

ただ日本と異なり、アメリカでは食肉として消費されなかったことがわかっている。現在では鯨油を見ることはないし、それがかつて重要だったとは想像すらできないかもしれない。

クジラといっても小型のミンククジラ（体長一〇メートル前後）から、巨大なシロナガスクジラ（体長は平均二三・九メートル）まで多種多様で、細かく整理すると約八五種類に分類できるという。アメリカの捕鯨で主な対象となったのは、マッコウクジラ（体長二〇メートル前後）で、これ以外ではザトウクジラ（体長一五メートル前後）であった。およそ四メートル以下の小型クジラを、イルカと呼ぶ。

マッコウクジラの捕鯨（アフロ）

主力のマッコウクジラの最大の特色は前頭部が巨大なことで、ときには体長の三分の一に達する。この前頭部に脳油と称する体油の貯蔵部がある。脳油こそが、照明ランプの燃料や機械の潤滑油となる鯨油の原料であった。また皮を剝がして煮立てることで、さらなる鯨油を確保することもできた。マッコウクジラには噴気孔《ふんきこう》が頭部左側の先端に一個あり、噴気の高さは三〜四メートルにまで達するため、捕鯨船からの識別が容易であった。鯨油を採取できるクジラを捕獲できない時は、大量のアザラシやゾウアザラシを捕獲することで何とかしのいだ。

動物愛護や海洋環境の観点から、現在のアメリカは捕鯨反対の立場を取り、日本の捕鯨をいたく批判しているが、歴史を振り返るとアメリカこそが捕鯨の先駆者であり、クジラを乱獲して頭数を激減させたいわば当事者なのであった。時代が変われば国家の価値観にも大きな変化が生じることを、捕鯨の歴史は教えてくれる。

捕鯨基地の建設

アメリカの捕鯨業のピークは一八四〇年代後半から一八五〇年代の時期で、最盛期の捕鯨船（遠洋航海可能）は約七五〇隻に達していたとみられ、沿岸沖合のみで操業する小型捕鯨船を含めれば、約一〇〇〇隻を超えていたと推定される。

歴史を繙《ひもと》くと、アメリカの捕鯨は植民地時代のはるか前から先住民が行っていたが、産業として捕鯨が注目されるようになったのは一八世紀になってからで、イギリスからの入植者たちが捕鯨業を切り拓いていった。

さらに一九世紀、巨大な捕鯨産業が勃興すると、鯨油の一大消費地であるニューヨークなど北東部の都市に大量の鯨油を提供するため、大西洋に面した港町に捕鯨船の基地が整備されていった。ニューイングランドの港町ニューベッドフォード（現在のマサチューセッツ州南東部）、マサチューセッツ州沖合の小さな島ナンタケット（現在は富裕層の高級リゾート）、さらにニューヨークの東方に広がるロングアイランドは、アメリカを代表する巨大な捕鯨基地として活況を呈していた。

モビー・ディックと命名された巨大なマッコウクジラと闘う航海士スターバックが登場する海洋冒険小説、ハーマン・メルヴィル著『白鯨』では、第一四章でナンタケット島の様子が述べられている。

これらの捕鯨基地を拠点に、多数の捕鯨船が一攫千金を夢見て遠洋航海に出帆し、大西洋の全域に展開するようになった。クジラが棲息《せいそく》する海域をほぼカバーするようになったが、当然の帰結として乱獲によりクジラが減少し、北大西洋では絶滅が危惧されるほどクジラの姿を見ることができなくなる。捕鯨船は南アメリカ大陸の南端ホーン岬、マゼラン海峡を経由して、はるばる太平洋へと進出せざるをえなくなった。アメリカ西海岸のサンフランシスコに新たに拠点を設置し、さらに太平洋の前線基地としてハワイに捕鯨船が集結するようになった。しかしまたも乱獲によってサンフランシスコ沖合でも捕鯨が不振になり、アメリカは窮余の策として東アジア海域での捕鯨を決断する。

一九世紀中ごろには、そう遠くない将来に鯨油が枯渇するのではないかとの危機感から、官民の連携によって海外展開が積極的に模索された。最終的に捕鯨船が目指したのは、多数のクジラが棲息する日本の近海であった。アメリカの捕鯨船が日本へ自由に寄港し、食料・飲料水・燃料・薪《たきぎ》の調達、船体の修理、さらに遭難した捕鯨船員の捜索などができるように、外交的な圧力をかけたのがアメリカ海軍のマシュー・ペリー提督が率いる四隻の「黒船」艦隊であった。教科書でこのことは語られないが、ペリーによる日本への開国要求という史実は、日本近海でのアメリカの捕鯨と密接な関係があったのだ。これらの捕鯨船にとって最も重要な拠点は、北海道南端の美しい良港「箱館（現在の函館）」である。

ペリー提督の浦賀来航

ペリーはミラード・フィルモア大統領（在任一八五〇～五三年）の命令で、一八五三年七月および一八五四年二～三月に、アメリカ海軍東インド戦隊を率いて浦賀沖に来航した。日本に「黒船」ショックを与えた一八五三年の来航は、蒸気船二隻と帆船二隻の計四隻で編成されていた。

ペリー艦隊が来航する可能性については、初来航の一年前（一八五二年六月）に、長崎のオランダ商館から長崎奉行を通じて江戸幕府へ情報提供をしていたが、江戸幕府として対策が採られることはなかった。二度目の来航には九隻（当初七隻で編成、後に二隻が加わる）が東京湾へ集結し、約二〇〇〇人の将兵が乗り組み、江戸幕府へあからさまな砲艦外交を展開した。

アメリカは一九世紀初頭から、貿易船と捕鯨船を守るために全世界に小規模の戦隊（Squadron＝スクウォドロン）を派遣しており、ローテーション方式で艦艇を入れ替えつつも、戦隊を長期にわたって海外に配置していた。食料、飲料水、燃料などを補給しつつ、アメリカの船舶を護衛するという任務を帯びていた。

ペリー艦隊はアメリカが東アジア海域に配備していた東インド戦隊の主力艦で編成されていた。その東インド戦隊とは、香港を拠点にして東アジア海域におけるアメリカの国益（貿易船と捕鯨船の保護）を推進し、アメリカ国民の生命と財産を守る目的で一八三五年に設立された戦隊で、一八六八年にはアジア戦隊（Asiatic Squadron）へと名称を変更している。この時代は、艦隊の名称はなかった。

当時の日本はといえば江戸時代末期で、ペリーは江戸幕府（徳川幕府）と交渉して一八五四年三月三一日、日米和親《わしん》条約（英語名はTreaty of Kanagawa＝神奈川条約）を横浜村（現・横浜市中区）で締結し、およそ二〇〇年も続いてきた日本の鎖国政策に終止符を打った。

実際、ペリー艦隊は浦賀沖に初めて来航する前に、沖縄の那覇沖にまず一八五三年五月二六日に来航しており、日米和親条約締結後も琉球王国との間に琉米《りゅうべい》修好条約を一八五四年七月一一日に結んでいる。日米和親条約のことは知っていても、琉米修好条約を知っている読者は少ないであろう。琉球には合計で五回も到来しており、東アジア海域での航海で琉球が重要な位置を占めていたことがわかる。

こうした圧力によって日本（江戸幕府と琉球王国）の門戸を開放させたことで、アメリカは新たに日本市場へ参入する機会を獲得できるのだが、アメリカは実のところ貿易よりも差し迫った状況を抱えていた。

当時の航海記録を見ると、アメリカ西海岸〜ハワイ諸島〜日本近海の航海ルートを、何度も往復して捕鯨を行っていたことがわかる。とりわけ北海道の沖合からサハリン（樺太）付近が捕鯨の有望海域とされたため、アメリカの捕鯨船は北海道の函館にしばしば寄港するようになり、そこで食料、飲料水、燃料、薪《たきぎ》を調達することが必須であった。

また冬の北太平洋は波も荒く、こうした遠洋航海での操業では、船員が捕鯨船から投げ出されて遭難することも多い。アメリカの捕鯨船団は、北海道の函館を拠点に遭難者の捜索や救難も行っていた。ペリー来航の主要な目的は、日本に寄港できる権利を獲得し、捕鯨船のための物資の補給基地、海難用の前線基地を確保することにあったといえよう。アメリカは江戸幕府に対して、日米和親条約を結ぶ際に下田と並んで函館の開港を要求したのはこのためである。

長期的には日本を足場に中国大陸への進出を狙っており、対中国貿易の中継地、寄港地としても日本を活用する計画があったようだ。

捕鯨船の遠洋航海と近代化

大西洋、太平洋、そして東アジア海域へと捕鯨の場が拡大するにつれて、一九世紀の捕鯨船団は六ヵ月から四年ほどの単位で遠洋航海に従事していたことがわかっている。大西洋での操業は六ヵ月から一年、太平洋では二年から四年にわたる長期間の操業を強いられた。北東部のニューベッドフォード港を出航して、大西洋を南下してホーン岬かマゼラン海峡を通過し、太平洋を北上して西海岸のサンフランシスコに到達するだけでも、相当な日数を要したことだろう。

遠洋航海用の捕鯨船は通常、木造の母船に二〜三隻の小型ボートを積み込んで操業していたが、クジラを発見すると小型ボートに乗船した狩人が、槍のような工具（銛《もり》）を使ってクジラを攻撃し、母船に引き上げるという方法を採用していた。母船に引き上げたクジラを解体し、皮を剝がして加熱処理することで油を採取し、この油を木樽（バレル＝約一五九リットル）に詰め込み、鯨油を商品として販売する。クジラは一頭、二頭として数えるばかりでなく、一頭のクジラを三〇バレルのクジラというように、木樽に詰め込んだ鯨油の量に換算して表現していた。母船の船倉が木樽で満杯になるまで捕鯨を続けたため、遠洋航海の期間が長期化したわけだ。

産業革命の波はアメリカ大陸にも押し寄せ、捕鯨の母船にも大きな変化がもたらされた。一五〜一七世紀の大航海時代から、外洋型の船舶といえば帆船しかなかったが、一九世紀になると石炭を燃料とする蒸気船が発明され、実用化されていった。

一九世紀後半になると、帆船の捕鯨船は徐々に姿を消し、蒸気船が主流となってきたが、現実には帆船と蒸気船を組み合わせた汽帆船が幅を利かせていた。風力に頼る帆船と異なり、石炭を燃料とする蒸気船はあまり気象に左右されないで航行できる利点があり、とりわけ遠洋航海の艦船（軍艦、捕鯨船、貿易船）に蒸気船が急速に導入されていった。

イギリスの海洋帝国を航海

「黒船」が浦賀沖に停泊している絵画を見ると、ペリーのアメリカ艦隊は太平洋を横断して浦賀に到着したように思えるが、事実は違っていた。アメリカ東海岸を出港して大西洋を南下、アフリカ南部の喜望峰を経由してインド洋を北上し、マラッカ海峡、南シナ海、東シナ海を北上し、ようやく日本に辿り着く東回りの遠洋航海だったのである。これはイギリスの

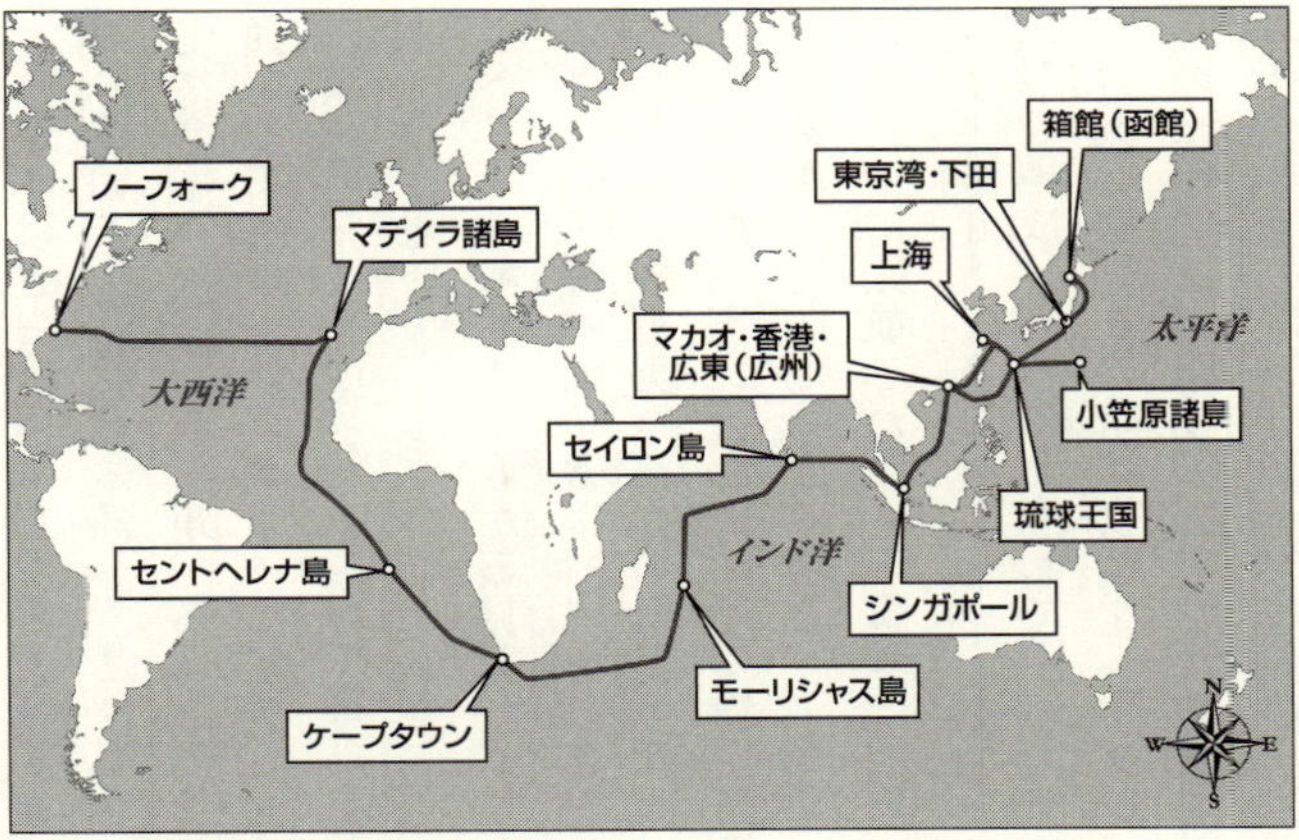

ペリー艦隊の航路（西川武臣『ペリー来航』をもとに作成）

海洋帝国を通過しなければならない遠洋航海でもあった。

第一回目の航海でペリーは一八五二年一一月二四日、旗艦の蒸気船ミシシッピー号単独でアメリカ東海岸のノーフォーク軍港（現・ヴァージニア州）を出航し、大西洋を横断し、中継地であるポルトガル領マデイラ島に寄港した。これ以降、中国に到着するまでの航海はイギリスの海洋帝国を移動するものであり、食料、飲料水、燃料、薪などの補給はイギリス当局に依存せざるをえなかった。

マデイラ島を出航すると大西洋を一気に南下して英領セントヘレナ島に寄港した。セントヘレナ島と言えば、あのフランス皇帝ナポレオン・ボナパルトが幽閉された絶海の孤島だが、大西洋からインド洋へ抜ける際の重要な中継港であった。

ペリーはさらに南下して南アフリカの英領ケープタウンに寄港、ここから北上してインド洋の英領モーリシャス島へ、ここからはヴァスコ・ダ・ガマが発見したインド洋航路を北上して英領セイロン島（現・スリランカ）のコロンボに立ち寄った。その後、マラッカ海峡を通過して英領シンガポールに寄港して補給を行い、ここから南シナ海へ入り、香港、マカオ、広東（広州）に滞在し、上海に寄港した後に琉球王国に到着、小笠原諸島を周遊した後に日本へ行き着いている。

ペリーの航海ルートから見えてくるものは、ポルトガル領マディラ島を除いて、大西洋とインド洋のすべての島々はイギリス領であり、また広東や上海はイギリスの影響力が浸透していたという事実だろう。換言すればイギリス領の島々に寄港せずして、大西洋〜インド洋〜南シナ海〜東シナ海における海上貿易は成り立たない仕組みが、すでに一九世紀中葉にはできあがっていたことになる。

浦賀沖に来航したペリー艦隊は四隻で編成されていたが、旗艦を除いて他の三隻は東シナ海に展開していたものである。香港で帆船二隻（「プリマス」「サラトガ」）と合流して三隻の艦隊を編成。さらに北上して上海で待機していた汽帆船「サスケハナ」（帆船と蒸気船の混合）を合流させ、この時に旗艦を「ミシシッピー」から「サスケハナ」に移した。最終的に日本への来航には、四隻で編成した艦隊で乗り込んだ。神奈川の浦賀沖に投錨したのが一八五三年七月八日。アメリカ海軍基地ノーフォークを出港してから約七ヵ月が経過していた。

アメリカにとって幸いだったのは、イギリスが太平洋で領有化したのが、オーストラリアやニュージーランドなど赤道以南の太平洋海域であり、太平洋中部から北部にかけては手つかずの状態であったという点である。イギリスが領有化していない、空白となっていた地域がハワイ、グアム、フィリピンの島々であった。アメリカは一九世紀末までに、これらの島々を領有することに成功し、アメリカ本土と中国大陸をつなぐ貿易ルートを確保することができた。アメリカにとって海洋支配や覇権のお手本は、やはりイギリスであったことは否めない。

貿易船と捕鯨船の保護

アメリカは捕鯨の全盛期の一九世紀前半から、世界各地に小規模の海軍「戦隊」を派遣し、アメリカの貿易船と捕鯨船を保護していたことは先に述べたとおりである。今から見れば驚くほど小さな帆船が二~三隻で編成されているにすぎず、とても海軍プレゼンスといえるような代物《しろもの》ではない。アメリカ海軍史で見れば、オールド・ネイヴィー(Old Navy＝旧世代の海軍)の時代である。

「戦隊」派遣の目的は、あくまでアメリカの貿易船と捕鯨船を保護するためであって、海洋パワーという意識が働いていたわけではない。戦闘行為を前提とした軍事作戦ではなく、地中海やカリブ海では海賊(パイレーツ)問題への対処という限定的な目的であった。大西洋や太平洋では捕鯨船の保護を目的に、第三国に睨《にら》みを利かせるシンボリックな存在であることに意味を見出していた。

「戦隊」を全世界に派遣した理由は、アメリカ合衆国がイギリスから独立したからである（一七七六年独立宣言）。独立以前の時代に、アメリカの民間商船を保護していたのはイギリス海軍の艦艇であったが、独立戦争によってアメリカはイギリスから独立した結果、イギリス海軍の庇護を受けることができなくなったのだ。アメリカ国内を二分した南北戦争（一八六一～六五年）の時代に、「アフリカ戦隊」を除いてすべての戦隊が帰国を命じられて撤収したが、内戦が終わると再び世界の各地に「戦隊」は派遣された。

この「戦隊」時代が一九世紀を通じて約九〇年間も続いた後に、セオドア・ローズヴェルト大統領の登場により変質し、海洋パワーとして戦闘行為を前提とした「艦隊」（Fleet＝フリート）へと名称を変える。「艦隊」の時代である。

名称変更は一九〇一年から五年間で行われた。ヨーロッパではドイツが海軍力を急速に増強し、やはり太平洋では日本が海軍力を増強していた時期であり、絶対王者としてのイギリスはボーア戦争で疲弊し、「光栄ある孤立」という伝統的な海軍政策を放棄して、日本との間で日英同盟（一九〇二年）を結んだ時代と重なる。

以下は、「戦隊」と「艦隊」の一覧と名称変更を列挙したものである。アメリカは一九世紀を通じて、本土の沿岸警備を担う本国戦隊（Home Squadron）に加えて、世界各地に六つの「戦隊」を派遣してきた（James C. Bradford, 2016）。

（1）地中海戦隊（一八一五〜六五年）、ヨーロッパ戦隊へ変更（一八六五〜一九〇五年）、大西洋艦隊へ変更（一九〇五年）。

（2）太平洋戦隊（一八二一〜六六年）、北太平洋戦隊と南太平洋戦隊に分割（一八六六〜六九年）、太平洋戦隊として統合（一八六九〜一九〇一年）、太平洋艦隊第二戦隊へ変更（一九〇一〜〇七年）、太平洋艦隊へ変更（一九〇七年）。

（3）西インド戦隊（一八二二〜四一年）、本国戦隊と統合（一八三八〜六一年）。

（4）ブラジル・南大西洋戦隊（一八二六〜六一年）、南大西洋艦隊へ変更（一八六五〜一九〇五年）、大西洋艦隊へ変更（一九〇五年）。

（5）アフリカ戦隊（一八二一〜二三年、一八四三〜六一年）、北大西洋艦隊へ変更（一八六五〜一九〇五年）、大西洋艦隊へ変更（一九〇五年）。

（6）東インド戦隊（一八三五〜六八年）、アジア戦隊へ変更（一八六八年〜一九〇一年）、太平洋艦隊第一戦隊へ変更（一九〇一〜〇七年）、アジア艦隊へ変更（一九〇七年）。

ペリー提督が日本に開国を迫った際に、東インド戦隊が動員されていたことは前述した。また米西戦争（一八九八年）に際しては、香港に錨泊《びょうはく》していたアジア戦隊（ジョージ・デューイ司令官）の艦艇六隻はフィリピン・マニラ湾に回航し、スペイン太平洋艦隊の艦艇七隻に砲撃を加えて撃破した実績を誇る。この戦績によってデューイ提督は英雄として、アメリカ国内で広く知られる存在となった。

一方、北アフリカのアルジェリア沖では、イスラム系海賊によってアメリカの民間商船が被害に遭遇する事件が発生していたため、海賊対策として地中海戦隊が結成されたという。

このように「戦隊」の派遣目的は地域ごとに異なるが、小規模とはいえ、アメリカ政府が一九世紀前半から海軍の戦隊を世界各地に派遣していたことに驚かされる。アメリカ海軍の幹部は、海洋を地政学的に見る発想を「戦隊」の派遣を通じて獲得していったのである。

海外領土としての「島」

アメリカが海洋大国へと突き進む上で、重要なきっかけとなり、新たな発想を摑む既成事実となったのが、前に触れたとおり捕鯨の拠点としての太平洋の「島」ハワイの領有化であった。しかし、一八六〇年代から一八七〇年代へ移行する時期に、鯨油の需要が下降線を示すようになった。石油から精製された灯油が出現し、照明用のランプに使う燃料は石油主導となったからである。鯨油は値段も高く、そして臭みもあり、火をつけると煙が充満するという欠点があったが、石油はこれらの弱点をすべて克服していた。鯨油が日常生活から退場するのは時間の問題となった。

この時代になると、海洋に対する地政学的な発想で、アメリカは海外の「島」を領有することに傾注していく。一八九〇年代後半になると、カリブ海では二つの島（キューバ、プエルトリコ）、そして太平洋では三つの島（ハワイ、グアム、フィリピン）を実質的に領有していった。

「島」ではないが、一九〇三年には中米「地峡」のパナマを実質併合し、大西洋と太平洋を結ぶ巨大プロジェクトであるパナマ運河の建設にも着手した（第3章参照）。大西洋・カリブ海と太平洋に挟まれた「地峡」は、海で囲まれているという点で、「島」のような存在として捉えられていたのかもしれない。

アメリカが最初に触手を伸ばした「島」はハワイであった。アメリカの捕鯨船が日本近海を目指した最初のルートは、大西洋を南下〜アフリカ南端の喜望峰（ケープタウン）経由〜インド洋を北上〜南シナ海〜日本近海であったが、ハワイ周辺海域での捕鯨が盛んになるにつれて、大西洋を南下〜南アメリカ南端のホーン岬、マゼラン海峡経由〜太平洋を北上〜サンフランシスコおよびハワイ経由〜日本近海へと変化していった。

こうして一八四〇年代には、多数の捕鯨船がハワイに集結して日本近海を目指すようになる。中継拠点では、鯨油を詰め込んだ木樽を保管する倉庫を建設する必要があり、捕鯨船が食料や飲料水を補給し、破損しやすい木造の捕鯨船を修理する上でも、ハワイ諸島は好都合の島々であった。ハワイ諸島は、アメリカの捕鯨船団の中継基地として重要な役割を演じ、さらにペリー提督が率いるアメリカ海軍艦隊が日本にまで遠洋航海する時代を迎えると、その戦略的な重要性はさらに高まった。

アメリカはハワイ王国と一八八七年に協定を結び、真珠湾（パールハーバー）に海軍基地を建設する独占権を獲得したことを踏まえて、ハワイ王国をアメリカ合衆国に併合することを構想するようになる。ハワイ在住の米国系住民は、アメリカ海兵隊と協力して王権を転覆させ、ハワイ共和国を宣言する軍事クーデターを起こした。アメリカは親米のハワイ共和国を一八九四年八月に承認し、一八九八年になるとハワイを併合してアメリカの一部とした（一九〇〇年に準州、そして一九五九年には五〇番目の州として昇格）。

まだまだ遠い将来の話ではあっても、潜在的な市場として中国大陸を視野に入れた時、対中国貿易の中継拠点としてもハワイを活用できると、当時の政治家や軍人、そして貿易商人たちは考えていた。

その一方で、多数の日本人が契約労働者としてハワイやアメリカ本土西海岸へ押し寄せる光景を目の当たりにすると、将来、日本がハワイを併合するのではないかとの懸念も生まれていた。こうした懸念材料を払拭するためにも、アメリカにはハワイ併合が必要であった。ハワイで王政をめぐる政変が起きた際には、日本海軍が日本人の生命と財産を守るため一八九三～九四年にかけて、軍艦「浪速《なにわ》」を派遣して反王政派に対して威嚇行動をした事実もあり、日本によるハワイ併合は机上の空論として片づけられない状況でもあった。

キューバ領有

ハワイの領有を念頭に置くアメリカは、フロリダ半島から目と鼻の先にあるカリブ海の島々を以前から虎視眈々《こしたんたん》と狙っていた。それらの島々には、スペインやイギリスが支配してきた長い歴史がある。イギリスのように世界最大の海軍力を持ち、大英帝国を築いている国家に歯向かうことはできなくても、斜陽のスペインが相手であれば、どこかにチャンスがあるはずである。そのスペインが支配する島々でも、カリブ海で最大の島キューバを獲得することはアメリカの長年の夢であったに相違ない。

キューバは一六世紀からサトウキビ（砂糖の原料）の生産地として圧倒的な存在感があり、一九世紀のアメリカにとって砂糖の一大供給地として不可欠な存在となっていた。砂糖を安定供給するためにアメリカ資本は巨大なサトウキビ・プランテーションを建設し、多数のアメリカ人が居住する島へと変貌させ、アメリカによる実質的な植民地化が徐々に進んでいた。また葉巻（シガー）といえばハバナ産といわれるほど、高級な葉巻の生産でも群を抜いていた。

そのキューバでは、宗主国スペインに対する抵抗運動や独立運動がしばしば発生し、アメリカ政府はアメリカ人の生命と財産を守るという大義名分を掲げ、海軍や海兵隊を幾度となく派遣してきた。米西戦争（アメリカ・スペイン戦争）が一八九八年四月に起きる直前にも、最大都市ハバナで動乱が発生しており、アメリカ人の生命と財産を守るためにアメリカ海軍の軍艦「メイン」(帆船ではなく蒸気船)が派遣されていた。

この「メイン」が、ハバナ港沖に停泊中に謎の爆発によって沈没するという悲惨な事件が同年二月に起きた。スペインによる奇襲であると誰もが思った。「メイン」には約二六〇人の乗組員と兵士(ボーイやコックとして八人の日本人も乗艦、うち六人死亡)が乗艦しており、犠牲となった。アメリカの新聞はセンセーショナルに、スペインによる攻撃だと書きたて、アメリカ国内ではスペインに対する開戦論が一気に盛り上がりを見せた。

爆発の原因はいまだに解明されていないが、蒸気エンジンの燃料として大量の石炭が積み込まれており、倉庫に積まれた石炭の自然発火による爆発が有力視されているのだが、これ以外にも機雷に触れて爆発したとの説もある。

爆発沈没の決定的な証拠はないが、当時としてはスペインによる謀略というニュースで持ち切りとなり、ウィリアム・マッキンリー大統領(在任一八九七〜一九〇一年)は世論から背中を押される形で議会に開戦を要望する教書を送り、議会は同年四月に開戦を決議し、陸海軍と志願兵の部隊が派遣された。こうして米西戦争ははじまったのだが、スペインはアメリカを相手に本格的な戦争をするだけの軍事力がなく、同年八月に早くも休戦協定が結ばれ、講和条約は一二月にパリで調印された。アメリカは上陸したキューバ東部の湾岸地帯を永久租借とし、現在でもグアンタナモ海軍基地として使用し続けている。

アメリカは一九世紀後半に経済成長期を迎え、世界有数の工業国に成長し、すでに世界一の農業国でもあったので、明確な自覚のないままイギリスを抜いて世界一の経済パワーとなっていた。こうした経済的な自信を背景に、アメリカはカリブ海と太平洋の島々の領有化を加速することができたのだ。

戦勝国となったアメリカ

米西戦争の結果、戦勝国アメリカは、前述のように敵国スペインからカリブ海で二つの島(キューバ、プエルトリコ)を、太平洋でも二つの島(グアム、フィリピン)を割譲させた。また一八九三年から懸案となっていたハワイ領有化の是非に結論を出し、ハワイを一気呵成《いっきかせい》に併合した。

このようにアメリカは、カリブ海に大きな足場を獲得し、太平洋では三つの有力な島々(ハワイ、グアム、フィリピン)を領有化することに成功し、太平洋という地理空間を政治的・軍事的に制圧する条件を手に入れた。太平洋はアメリカにとって、海洋の地政学を投影できる戦略的な海域となった。

大海軍主義者で、海軍史家のアルフレッド・T・マハンが「制海権——とりわけ、国益や自国の貿易の存する大海路に対する支配権——は、諸国の国力や繁栄の物質的諸要因のうちでも最たるものだ」(「ハワイとわが海上権力の将来　一八九三年三月」麻田貞雄編・訳『マハン海上権力論集』所収）と述べ、カリブ海と太平洋での制海権を掌握する必要性を少なくとも一八九三年には熱弁しており、これらの島々を領有したことでアメリカは実質的に当該海域の制海権を掌握した。

しかしアメリカが本格的な制海権を獲得するためには、二つの大きな課題が目の前にあった。第一は大西洋・カリブ海と太平洋を結ぶパナマ運河の建設であり、第二の課題は、イギリス海軍力と並ぶような巨大な海軍力を保有することであった。パナマ運河が完成すれば主力の大西洋艦隊を太平洋へ迅速に回航することが可能となり、海軍艦艇を大西洋と太平洋の双方で一体的に運用することができるようになる。さらに海軍を増強することで、制海権を飛躍的に向上させることもできる。これら二つの課題に果敢に取り組んだのが、マハンをこよなく尊敬していた大統領セオドア・ローズヴェルトであった。

海洋パワー論者アルフレッド・マハンの登場

海洋を地政学的に捉えた海軍士官で歴史家がアルフレッド・T・マハン（一八四〇～一九一四年）であり、もう一人が海軍次官、ニューヨーク州知事、副大統領、大統領へと上り詰めたセオドア・ローズヴェルト（一八五八～一九一九年）であった。

後述するように、この二人は大海軍主義者（Navalist＝ネイヴァリスト）であり、海洋パワー（Sea Power＝シーパワー、海上権力）を信奉していた。この二人が一九世紀末のアメリカに登場したことで、アメリカの海洋パワー確立への道が開かれたといっても過言ではない。両者とも海軍をこよなく愛し、大海軍を実現することこそがアメリカの繁栄につながるという強固な信念をもっていた。また、海洋を地政学的に捉えた点でも二人には共通点があり、海洋覇権国家としてのアメリカを牽引していった。

マハンは一九世紀末から二〇世紀初頭にかけて、まさにアメリカが海洋パワーとして世界に羽ばたく黎明期に登場した海軍戦略家、地政学者だ。彼とは反対に第1章で取り上げたイギリスの地政学者ハルフォード・マッキンダーは、イギリスが築いた大英帝国が絶頂期を過ぎ、海洋パワーとして下降局面に入る帝国の黄昏《たそがれ》を憂えて登場した警世の地理学者であった点で、両者は大きく異なる。

マハン

マハンは「海軍士官、海事史家、大海軍主義《ネイヴァリズム》のイデオローグ、戦略家、大統領の顧問、世界政治の評論家、外交史家、重商主義者、予言者、宗教家」「帝国主義者」「海外進出のプロパガンディスト」であったと、マハンの論文集を編・訳した歴史家の麻田貞雄は総括している。アメリカ海軍の軍人でありながら、艦上勤務は得意ではなかったようで、海軍士官としての艦上での活躍を描いた書籍や論文を目にすることはまずない。米海軍の小型艦艇（汽帆船）に乗艦していたことで、日本に約一年間も滞在したことがあり、この時の経験を通じて日本やアジア問題への関心を持った。

アナポリスの海軍士官学校を一八五九年に卒業。海軍将校の教官として一八九六年までニューポート海軍大学校で勤務し、海軍史や戦術論の講義を担当した。父親は陸軍士官学校の教授で、マハンは同校があるニューヨーク州ウェストポイントで生まれている。

マハンの本領が発揮された分野は海戦の歴史、海洋の地政学的な見方、さらに海軍力の戦略や重要性などを説いた論文や評論の執筆においてであった。インテリジェンスに強い情報系の将校ではなく、学究肌の教育系将校であった。なかでも「The Influence of Sea Power upon History, 1660-1783（海上権力の歴史に及ぼした影響——一六六〇～一七八三年）」（一八九〇年）によって海外で高く評価され、その名が知られるようになった。この著作は日本でも愛読され、帝国海軍の外郭団体である水交社が『海上権力史論』として全訳したのが一八九六年であった。

とりわけ日本、イギリス、ドイツなどでは、政治家や軍人に重宝がられ、なかにはマハンの著書や論文を暗唱できるほど熟読した読者も存在したようだ。マハンがイギリスを訪問した際には、わざわざヴィクトリア女王が歓迎会を催すなど、世界一流の海洋パワーを有するイギリスでは大いに歓待された。日本でも帝国海軍を中心に幅広い読者を獲得し、帝国海軍を強化拡充する上で理論的な支柱となった。

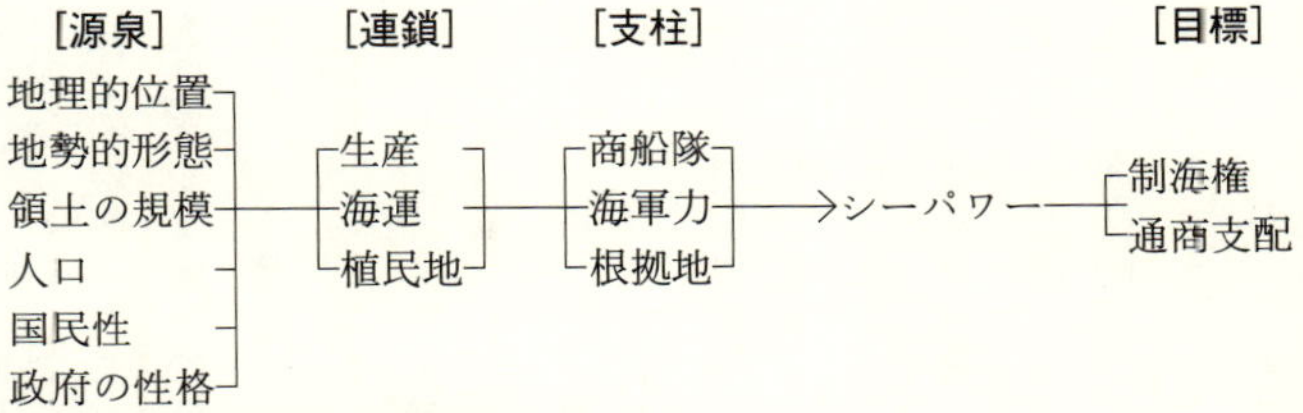

麻田貞雄編・訳『マハン海上権力論集』より

シーパワーとは何か

マハンが海外で大いに人気を博したのは、「シーパワー（海上権力）」という魔力に満ちた概念が読者の心を摑んだからであろう。イギリスは「シーパワー」であり続けるためにマハンの著作を読み、日本やドイツは「シーパワー」になるためにマハンの著作を学習し、富国強兵の道を歩んだ。日本では当時、「シーパワー」を「海上権力」と翻訳したが、「海洋国家」や「海洋パワー」という表現もある。

では、「シーパワー」つまり「海上権力」とは何か。マハンの著作を直接引用することも考えたが、文章は簡潔でなく、どちらかと言えば読みにくい文章のため、「海上権力」論を扱った解説文（麻田貞雄編・訳『マハン海上権力論集』二三〜二四頁）を引用したい。

キャッチ・フレーズである「海上権力」とは、海軍力（Naval Power〔ネイヴァル・パワー〕）よりも広義で、「単に軍事力にとどまらず、艦隊力の基盤をなす海運業や商船隊、またその拠点として必要な海外基地や植民地をも包含する」概念で、一言で表現すると〝海洋を支配する総合的な力〟を意味する。

マハンは国家が「海上権力」を構成する六つの要素として、「地理的位置、地勢的形態、領土の規模、人口、国民性、政府の性格」があり、こうした国家の経済活動として「生産、海運、植民地」の三点を取り上げ、その手段として「商船隊、海軍力、根拠地」を確保した時に「海上権力」を獲得することができるとした。そして「海上権力」の最終的な目標を、「制海権、通商支配」とした。

これらの条件や特色のすべてを持ち合わせていたのが一九世紀のイギリスであり、マハンは大国イギリスを頭に浮かべながら海上権力論を編んでいった。だからこそ訪英したマハンを、ヴィクトリア英女王は歓待したのである。

では、アメリカはどうなのであろうか。「アメリカ国民には海洋発展の偉大な素質があり、それが自由に発揮されれば、大海上権力国への道が開けるであろうとマハンは信じたのである。必要なのは、その運命を達成するためのリーダーシップと意志、そしてエネルギーだけだ」――このようにマハンは、強力な政治指導者を待望したのである。

「シーパワー」や「海上権力」という語が専門用語として定着しているが、本書では以後、あえて「海洋パワー」という用語を使用する。「シーパワー」は一般読者には馴染みがなく、また「海洋国家」にすると軍事的な意味合いが弱くなるため、軍事力の意味を含有する「海洋パワー」を選んだ。

マハンの「海洋パワー」論を絶賛したのが、後に大統領に就任したセオドア・ローズヴェルトである。

英雄セオドア・ローズヴェルトと米西戦争

前述したように、アメリカ海軍の軍艦「メイン」が一八九八年二月、スペイン領キューバのハバナ港で謎の爆発を起こして沈没し、約二六〇名の乗組員と兵士が死亡するという事件が発生した。この一報に接した時、海軍次官の職にあったセオドア・ローズヴェルト（一八九七年四月任命）は、近々アメリカとスペインは戦争状態になると予想し、対スペイン開戦の準備に入る。

大統領や海軍長官の決裁を待たずに、東シナ海に展開していたアジア戦隊を香港へ回航させ、開戦の際にはフィリピン・マニラ湾に停泊しているスペイン艦隊を撃破すべしとの命令を発したほどである。次官時代に、インテリジェンスの重要性を見抜いて海軍情報部を創設し、海軍の増強を力説するなど、海軍重視の方向性を打ち出した。

一八九八年四月に米西戦争が勃発すると、海軍次官の職を辞して志願兵の部隊を編成し、自ら隊長として志願兵を率いて、戦地キューバへ乗り込んだ。ローズヴェルトが志願兵を募集したところ申し出が殺到し、結局、テキサスやアリゾナからの応募者を中心に約一〇〇〇名を選抜して、即席の軍隊を編成した。

これらの志願兵は「ラフ・ライダーズ（Rough Riders＝荒馬乗り、荒くれ者）」のニックネームで呼ばれ、広く国民に愛される存在となっていった。ローズヴェルトの体験記『ラフ・ライダーズ』によると、志願兵の多くは牧場のカウボーイ、鉱山作業員、地方の警察官であり、果たして正規軍のように規律のある組織として編成できるのかという不安の声もあった。ローズヴェルトは資金を確保して馬一二〇〇頭を用意し、騎兵のように訓練することで組織力を急速に高めていった。こうした手法でローズヴェルトは人心を掌握した。

「ラフ・ライダーズ」はアメリカ政府が公認した志願兵の部隊であり、終戦時には正規軍と同等の名誉を獲得するまでに成長していた。とりわけテキサスからは地元で自警団「テキサス・レンジャーズ（Texas Rangers＝テキサス騎馬隊、自警団から軍団へ進化して一八四六〜四八年のアメリカ・メキシコ戦争で活躍）」に参加したことがある優秀なレンジャーズが多数参加し、志願兵の中核を担うことになった。米プロ野球の大リーグ「テキサス・レンジャーズ」の名前は、この自警団の名前に由来する。

またハーヴァード大学出身のローズヴェルトだけに、ハーヴァード大学、イェール大学、プリンストン大学などのアイヴィー・リーグからも、ローズヴェルトを慕って志願兵が参集。アイヴィー（Ivy）とは植物の蔦《つた》を意味し、校舎が蔦に覆われるほど古くて格式のある大学という意味で、アメリカ北東部の八大学を示す。ローズヴェルト隊長の指揮下、志願兵に向けて集中的に訓練を行った後に、フロリダ半島西部のタンパ港に向かい、数隻の蒸気船に乗って戦地キューバへと渡った。

ローズヴェルト隊長は志願兵「ラフ・ライダーズ」を率いてサンファン・ヒル（キューバ東部の丘）で突撃を挙行し、この勇敢な活躍によって一躍、時の人となる。そして帰国後、ニューヨーク州知事選に立候補して当選し、さらにマッキンリーが二期目の大統領選挙を戦う際に、副大統領候補となるまでに名声を博していた。『ラフ・ライダーズ』を上梓した際には、彼の部隊に参加した志願兵の名前・出身地・職業を記載し、戦死した志願兵には敵の砲弾が命中したなどの死因も明らかにしている。こうした志願兵一人ひとりへの心配りも、ローズヴェルトの名声を高める一因となったことは言うまでもない。

大海軍主義の大統領

マッキンリーが大統領に再選されたことで、ローズヴェルトは副大統領の座を射止め、同大統領が一九〇一年九月、バッファローで開かれていたパン・アメリカン博覧会を訪問中に暗殺されると、今度は合衆国憲法の規定によって大統領に就任する。

大統領就任の宣誓は首都ワシントンではなく、バッファローであった。心の準備がないままに大統領に就任したのかと思いきや、どうもそうではないようだ。ローズヴェルトには以前から思い描いていた政策があり、それらを実現できるこの時を好機と捉え、ホワイトハウスに陣取ってからは矢継ぎ早に内外の政策を打ち出していった。

彼は熱心に海洋政策に取り組んだ政治家であったが、その背景には何があるのだろうか。

もともと海軍の歴史を学ぶことが好きで、ハーヴァード大学に提出した卒業論文は、一九世紀初頭の海戦にみる勝因の分析であった。著作は三〇冊以上を数え、政治活動に加えて著述にも力を入れた。マハンの著作と比較すると、ローズヴェルトの文章は平易で読みやすい。

そもそも海軍に大きな関心を寄せた理由は、その生い立ちにある。母方の親戚に南北戦争(一八六一～六五年)に参加した南軍の海軍将校がおり、親戚を通じて海軍の素晴らしさを聞く機会に恵まれた。戦争に敗れてイギリスへ亡命した親戚を追って訪英するほど、海軍への思いが熱かった。

たびたびの訪英を通じてローズヴェルトは、イギリスが世界中に海軍ネットワークを築き、制海権を確保していることを痛感し、さらにイギリス中心の貿易体制ができあがっていることも目にしたはずだ。こうした体験を通じて、海軍力なくしては国家の繁栄を獲得できないと確信し、大海軍主義者となっていった。

軍服はブルックス・ブラザーズ

本章の終わりに、余談だが、アメリカの有名紳士服ブランドのブルックス・ブラザーズについて言及したい。ローズヴェルトは米西戦争への出陣に際して、ニューヨークにある高級紳士服ブルックス・ブラザーズの本店でわざわざ特注の軍服を仕立て、この軍服を着て戦地キューバへ向かったという。正規軍ではなく、志願兵を募っての急ごしらえのボランティア部隊を率いるため、限られた時間で自前の軍服を準備することが必要であった。

この要望を受け入れたのが同社であり、特注軍服の太い襟には「USV（United States Volunteer＝合衆国志願兵）」のアルファベット三文字が刻まれている。英語の正式名称は「The First U.S. Volunteer Cavalry（合衆国志願兵第一騎兵連隊）」で、これを略して「USV」とした。

本店で軍服を着た直後に、その足で近くのフォトスタジオに向かい、ポートレートも撮影している。ローズヴェルトを描いた記事や書籍にはしばしば軍服姿の写真が掲載されるが、この時に撮影されたものだ。ニューヨーク生まれのローズヴェルトは同社の服を好み、大統領に就任した後もブルックス・ブラザーズの服を愛用した。

ブルックス・ブラザーズを着たセオドア・ローズヴェルト（アフロ）

同社の服を愛用したのは何もローズヴェルトばかりではない。アメリカ合衆国の歴代大統領四五人（初代のジョージ・ワシントンからドナルド・トランプ）のうち、四〇人もの大統領がニューヨークに本店を構える同社のスーツ、シャツ、コートを愛用していた。日本で同社は「ブルックス　ブラザーズ」

の名称で店を構えているが、本書ではブルックス・ブラザーズとして表記する。

エイブラハム・リンカーンが二期目の大統領に就任した際には、同社からプレゼントされたフロックコートを着ていた。ワシントンのフォード劇場で、南部出身の俳優に暗殺された際に着ていた黒の服が、これであった。あまりにも悲しい出来事であったため、同社はこれと同じタイプの服の生産を打ち切ったほどである。

フランクリン・D・ローズヴェルトが第二次世界大戦中に、真冬のクリミア半島ヤルタで英国首相ウィンストン・チャーチル、ソ連首相ヨシフ・スターリンと三者会談（ヤルタ会談、一九四五年二月）を行った時には、ブルックス・ブラザーズ製の暖かいケープを羽織っていた。世界史の教科書に掲載されるヤルタ会談の、あの写真を思い出していただきたい。

JFKのイニシャルで親しまれているジョン・F・ケネディは、私生活で同社定番のボタンダウンのシャツを愛用していたし、大統領執務室では同社のスーツを身に着けていた。リチャード・ニクソンが歌手のエルヴィス・プレスリーとホワイトハウスで面会した際も、やはりボタンダウンの白いシャツにネクタイで登場した。ビル・クリントンも妻ヒラリーから贈られたスウェード（子ヤギや子牛の皮の内側を起毛した素材）のジャケットを着ていたし、大統領就任式に臨んだドナルド・トランプと、バラク・オバマ前大統領が共に壇上で着ていたのも、同社の冬物オーバーコートであった。

このようにブルックス・ブラザーズの紳士服を、ローズヴェルトを筆頭に歴代大統領はこぞって愛用した。同社に限らず、宝石店ティファニーもアメリカの富裕層に食い込んでいるが、両者の共通点はともに南北戦争で北軍を支援し、北軍が勝利したことで勝ち組になった商人である。権力と商人はいつの時代でも密接な関係にあるようだ。

米西戦争での武勇伝が功を奏して、ローズヴェルトは大統領への道を歩むことになった。大統領に就任してからも、ブルックス・ブラザーズの服を身にまとい、ワシントンの大統領執務室から二つの重要な海洋政策を発表した。その第一は中米「地峡」にパナマ運河を建設することであり、第二はイギリス海軍に比肩できるような海軍力を整備することであった。

第3章　海洋覇権の掌握へ向かうアメリカ

鯨油が下火となり石油がもてはやされる時代になると、アメリカは石油を求めて内陸・海底油田の開発事業を手掛けることになる。それは次章で詳しく扱うこととして、本章では、前章の終わりにも触れたセオドア・ローズヴェルトの海洋覇権構想（パナマ運河の建設、巨大な海軍の創設）に言及したい。

これらを通じてアメリカは、海洋秩序という発想を徐々に持つようになる。本章では、二〇世紀に起きた二つの世界大戦で大きな役割を演じたアメリカが、海洋の国際秩序を先導する大国へと成長していったメカニズムを解明する。

海洋パワーを目指す大統領

セオドア・ローズヴェルト大統領（在任一九〇一～〇九年）は、アメリカを世界の一流の海洋パワーにするべく、制海権の確保と通商ルートの掌握を念頭に、二つの海洋政策を強力に推し進めた。第一が大西洋・カリブ海と太平洋を結ぶパナマ運河の建設（一九〇四年着工、

セオドアを描いた風刺画（アフロ）

一九一四年開通）であり、第二がイギリス海軍に比肩できる世界屈指の海軍力を保有することであった。いずれもローズヴェルト政権下で成し遂げられた偉業だ。海軍戦略家マハンの教えを胸に、ローズヴェルトは大統領の権限を遺憾なく発揮して海洋パワーへの道を迷うことなく突き進んでいった。

加えて、アメリカ中心の世界秩序を思い描き、日露戦争（一九〇四～〇五年）の講和会議をポーツマスで開催し、調停役を演じて日露戦争を終結させた。この功績が認められて一九〇六年に、アメリカ人として初のノーベル平和賞を受賞している。当時の風刺画には、「棍棒（Big Stick＝軍事力）」を振りかざす戦争主義者のローズヴェルトが平和賞を受賞したと皮肉っているものもある。とはいえ、こうした講和会議の調停役を演じたことで、アメリカは国際政治で押しも押されもせぬ大国の仲間入りを果たしたことは間違いない。二〇世紀がアメリカを中心とした世界の夜明けであることを、国際的にアピールする絶好の機会となった。

パナマ運河――アメリカン・ドリーム

ローズヴェルト大統領が最初に取り組んだ外交・安全保障政策は、当時コロンビア領内に

あった パナマ「地峡」での運河の建設だった。このパナマ運河の建設によって、歴史上はじめて大西洋・カリブ海と太平洋が結ばれ、世界貿易の航路及び軍事戦略に革命的な変化をもたらすことになった。

もともとローズヴェルトがパナマ運河建設の重要性を痛感したのが、前章で触れた米西戦争（一八九八年）であった。米西の開戦が必至と読んだローズヴェルトは、海軍次官としてアメリカ海軍の艦艇をカリブ海に集結させるとの判断を下し、アメリカ西海岸に配備していた戦艦「オレゴン」（基準排水量約一万トン、乗組員・兵士は約四八〇名）をカリブ海へ回航して戦力を増強する方針を立て、停泊していたサンフランシスコ港から北大西洋戦隊へ合流させる決断を下した。

ところが、それを開戦に間に合わせることができなかった。当時はパナマ運河がなく、南アメリカ南端のホーン岬かマゼラン海峡を経由しなければならなかったためである。カリブ海で北大西洋戦隊と合流できたのは、米西戦争（四月二五日開戦）の火蓋が切られてから一ヵ月も経過してからだ。

マゼラン海峡周辺では気象条件の悪化に悩まされ、親スペイン勢力が存在する南アメリカの港湾では給炭（石炭の補給）を諦めることもあり、航海そのものが苦労の連続であった。艱難辛苦を乗り越えようやく北大西洋戦隊と合流したにもかかわらず、米西戦争で活躍できるチャンスはなかった。大西洋と太平洋に配備した戦艦の一体的な運用ができないという苦い教訓から、ローズヴェルトはパナマ運河の建設を悲願と考えるようになる。

ホーン岬やマゼラン海峡経由では激しい気象変化で艦船の通航にはしばしば困難がともなうが、パナマ運河経由ではハリケーン（台風）を除き、安定した気象が約束されるため、航行そのものがスムーズだ。

とりわけ民間商船にとっては、安全な航行こそ日々の切実な問題である。パナマ運河開通以前に、大西洋と太平洋を結ぶ海上貿易はホーン岬かマゼラン海峡を経由するしかなく、商船業界にとって頭痛の種であった。パナマ「地峡」を横断する鉄道が一八五五年に開通していたが、蒸気機関車も小型であり、単線のため大量の貨物を輸送するには適しておらず、また大型の重量貨物を鉄道輸送できないなど、さまざまな制約があった。この鉄道建設もアメリカ資本が投入されており、アメリカが一九世紀半ばからパナマ「地峡」の管理・支配に相当な関心を寄せていたことがうかがえる。

こうした大西洋と太平洋を結ぶ海上交通路の難問をすべて解決したのが、パナマ運河の完成であった。パナマ運河の完成によって海軍戦略は大西洋と太平洋をリンクして考えることが可能となり、海洋パワーを構想する好条件を手に入れることができる。と同時に、海上貿易においても大西洋と太平洋を一体化して航路を整備することができ、まさにスエズ運河に続く新しい世界貿易ルートが、パナマ運河の完成によってもたらされるはずであった。

以下ではパナマ運河の建設プロセスを振り返り、海洋パワーを目指すアメリカが運河建設に賭けた並々ならぬ決意を確認したい。

スエズ運河と同様にパナマ運河の建設でも、第１章で登場したフランスの元外交官レセップスが関与しフランス政府の支援を取り付けたが、結局、パナマ運河の建設を途中で断念せざるをえなかった。その後に登場したのが、レセップスの見果てぬ夢を実現することになるセオドア・ローズヴェルトであり、大統領に就任した直後から、強力なリーダーシップを発揮して一気に建設プロジェクトを推進していった。

スエズ運河の成功体験で失敗したレセップス

パナマ運河の建設に際しては、大西洋と太平洋を海水面で水平に結ぶフランス方式と、岩山に階段のような段差を作って船を上下させながら前進させるアメリカ方式の二つがあった。前者のフランス方式は、フランスの元外交官レセップスが既にスエズ運河の建設で採用したものだ。この場合は、地中海と紅海を結ぶ際、エジプトの砂漠を水平に開削《かいさく》して完成しており、地中海と紅海の海水面に大きな差もなかったため、紅海から地中海へ大量の海水が流れ込むこともなかった。

この方式でスエズ運河を完成させたレセップスは、フランスに帰国しても隠居することなく、晩年になってからも人類の新たな夢を実現することに挑戦し続けた。それが岩山の開削という過酷なパナマ運河の建設である。スエズ運河の完成からおよそ一〇年の歳月が経過した一八八一年に、レセップスは万国パナマ・インターオーシャン運河会社をパリに設立し、政治家を巻き込みながら、幅広く市民から建設資金を集めることに成功した。しかも、これらの投資家は中産階級から低所得層の小口投資家まで幅広く、庶民にとっては宝くじのような対象となっていた。スエズ運河の成功体験が、市民に浸透していた結果かもしれない。

レセップスが一八八一年、パナマ運河の建設に着手した際には、迷いもなくスエズ運河建設と同じ方式を選択した。地中海と紅海を隔てる砂漠を水平に開削した方式で、大西洋と太平洋も水平に開削する。

ところがパナマ地峡は険しい岩山と熱帯植物で囲まれ、しかもマラリアや黄熱病など蚊を媒介とした熱帯病が蔓延しており、レセップスが陣頭指揮していた現場では約二万二〇〇〇人の作業員が熱帯病で命を落とすなど、過酷な運命が待ち構えていた。スエズ運河の建設ではついぞ経験したことのない、大きな試練が待ち受けていたのである。

工事は遅々として進まず、パナマ運河建設のために起業したパナマ運河建設の会社は一八八九年に倒産し、経営者のレセップスと息子は出資者から訴えられ、失意のうちに帰国しなければならなかった。フランスの政治家へ多額の賄賂を提供して、建設プロジェクトを継続していたことも判明し、レセップス親子の信頼は失墜していった。

パナマ地峡は当時コロンビア共和国の一部であったため、レセップスはコロンビア政府から開削権を獲得して建設をしていたが、この権利も宙に浮いてしまった。その隙を突いたのが、アメリカのセオドア・ローズヴェルト大統領である。

アメリカの野心――パナマ「地峡」の領有化

セオドア・ローズヴェルトは前述したとおり一九〇一年九月、思いもかけずに大統領に就任したのだが、それまで温めてきた外交安全保障政策を強力に推進した。その一つが、パナマ運河を建設しつつ、カリブ海に対して「棍棒」外交をもって、パナマ地峡一帯を併合することであった。

パナマ運河は、全長約八〇キロメートルの閘門《こうもん》式運河で、アメリカ政府が莫大な費用を投入して一九一四年八月一五日に完成（正式に開通）させた。もっとも試験的な通航は前年の一九一三年からはじまっている。

パナマ運河の建設ルート構想には、コロンビアを開削するルートと、ニカラグアを通るルートの二つがあり、もともとアメリカはニカラグア・ルートを構想していた。フランスによるコロンビア・ルートが棚上げのなかで、アメリカ連邦議会は一九〇二年一月にニカラグア・ルートでの運河建設を決定した。というのもコロンビア政府との建設交渉で、コロンビアがアメリカに対して法外な契約金を求めてきたため、コロンビア・ルートを断念し、ニカラグア・ルートを選択したという背景がある。

最終的にローズヴェルト大統領は議会対策を行いながらルート変更を決断し、フランスが選択していたコロンビア・ルートでの建設を決めた。この背景には、大統領の政治的な野心があったようだ。大統領にはコロンビア共和国の反政府勢力を支援し、武装蜂起させてコロンビアから分離独立させ、アメリカ軍の駐留を通じてパナマ地峡一帯を直轄地として支配する、つまりパナマ併合という思惑があった。

反政府勢力が分離独立の動きを見せた際には、大統領はコロンビアの沖合にアメリカ海軍の艦艇一〇隻を配置して砲艦外交を展開し、海兵隊も動員しながらコロンビア政府軍がパナマ運河に進軍しないように睨《にら》みを利かせた。こうしてパナマは一九〇三年一一月にコロンビアから分離独立し、アメリカはパナマ「地峡」を防衛する名目でアメリカ軍を駐屯させ、実質的に直轄地として併合した。このようにアメリカが反政府勢力を上手に利用して分離独立させる手法はパナマが初めてではなく、すでにハワイ併合でも見られた。

アメリカ政府はパナマ共和国政府との間で、パナマ運河条約を一一月にワシントンで締結し、パナマ運河地帯を直轄地として支配することを取り決めた。この条約によってアメリカは、第一にパナマの独立を保障し、保護国とする、第二にパナマ運河を独占的に管理・運営し、永久租借地とする、そして第三に運河地帯の防衛のために軍隊と警察を配置できると規定した。つまりアメリカは運河地帯に主権を行使できるとしたのだ。この時にアメリカはパナマ政府に対して条約締結時に一〇〇〇万ドルを支払い、さらに年間の契約料として二五万ドルを支払うことで合意を取り付けている。

まずは経済インフラの整備

アメリカがパナマ「地峡」の開削に着手したのが一九〇四年で、一〇年後の一九一四年にパナマ運河はようやく開通した。フランスが一八八九年に撤退した後も、建設現場には資材や施設などが残されており、フランス側との協議を経てアメリカ政府はこれらの資材や施設をすべてアメリカ側に移管させた上で、運河の着工に踏み切る。

アメリカ政府は首都ワシントンに地峡運河委員会を発足させたものの、委員会は素人集団で構成されて有名無実となっていたため、ローズヴェルト大統領は主任エンジニアの交代を決断し、凄腕のジョン・スティーヴンスを現地に送り込んだ。またマラリアや黄熱病の対策を本格的に進めるため、熱帯病の専門家も送り込んだ。大統領の強力な指導力で、ようやく運河建設を軌道に乗せることができた。

なかでもスティーヴンスを送り込んだ意味は大きい。彼はロッキー山脈を突き抜ける鉄道路線を完成させた立役者で、この技術を買われてパナマ運河の主任エンジニアに抜擢された。その時の経験からショベル船やクレーン船などの重機械を集め、建設工事には鉄道輸送網の整備が不可欠であると判断し、多数の蒸気機関車をアメリカ本土から持ち込んだ。後方支援の拠点都市を建設してから開削工事を進めないと、難工事をやり遂げることができないとの確信から、実際に開削工事をはじめる前に後方支援都市コロンの改造に一年半を費やしている。こうした大型の基盤整備事業を終えた後に、大量の作業員を一気に投入していった。

スティーヴンスは彼らを長期にわたって、安定的に確保するための対策を矢継ぎ早に行った。最終的に約六万人の作業員のための快適な住居を整備（高級幹部は個室、家族用の住居も用意）、レストランやホテル、病院の建設（手術室も完備）、マラリアや黄熱病を駆逐する徹底的な作業（蚊の発生源となる水溜まりにオイル散布）、多数の蒸気機関車を導入した鉄道網の整備を行った。また作業員の娯楽にも力を入れ、芸能人などのエンターテーナーを定期的に派遣して彼らを喜ばせた。

難工事を円滑に進めるためにアメリカ本土から最新の蒸気式ショベル船、蒸気式掘削機、蒸気式クレーンを多数持ち込み、作業効率を飛躍的に向上させた。岩山を粉砕するために膨大な爆薬「ダイナマイト（ギリシャ語で「力」の意味）」も使用した。

経済インフラの整備を通じて、カリブ海に面した港町コロンは、すぐに活況を呈するようになった。現地では食料品は一切調達できないため、ニューヨークとシカゴで大量の食料品を調達し、専用の貨物船でコロンに配送するシステムを構築するなど、アメリカ政府がパナマ運河建設に注いだ熱意は計り知れない。アメリカ本土および中南米からリクルートした作業員の定着率は高くなり、好条件にひかれて希望者が殺到することもあった。レセップス時代に約二万二〇〇〇人が病死した悪夢の記憶が残るパナマ地峡で、レセップスが失敗した轍《てつ》は踏まない強い決意を、ローズヴェルト大統領が示した用意周到の計画から読み取ることができる。

当時としてアメリカは万全の対策を講じたのだが、それでも毎年数千人がマラリアを発症し、時には一万人に達することもあった。事故や熱帯病で命を落とした作業員は一〇年間で五六〇九人（うち白人の米国人は三五〇人）を数えた。まさに大きな犠牲をともなった偉業であった。

パナマ運河が正式に開通した直後、最初に運河を利用したアメリカの貨客船「アンコン」（アメリカ政府系パナマ鉄道会社が所有）が、通航に要した時間は九時間四五分であった。日本籍船として同年、初めてパナマ運河を通峡したのは日本郵船の「徳島丸」である。

従来のホーン岬やマゼラン海峡経由の航海が約一ヵ月もかかったことを考えると、まさに夢のような航海日数の短縮であった。

開通直後の通行量は第一次世界大戦の影響で少なく、大戦中は一日当たり四～五隻が通航する程度で、年間で二〇〇〇隻にも満たなかった。大戦が終わってから通行量は増えはじめ、一九二〇年代には年間五〇〇〇隻を数えるようになり、スエズ運河の通行量と肩を並べるまでになった。

アメリカは大西洋・カリブ海と太平洋を結ぶ運河の航路を管理下に置くため、軍隊を駐留させて実質的にパナマを併合することに成功した。イギリスが海洋を地政学的に捉えてスエズ運河を支配したように、アメリカもパナマ運河を地政学的に捉えて、莫大な資金と最新の技術、そして大量の労働力を投入して完成させた。二〇世紀の海洋がアメリカによって切り拓かれることを世界に印象づけた事象である。

アメリカ海軍の強化

セオドア・ローズヴェルト大統領が取り組んだ第二の課題が、アメリカ海軍の強化であった。大統領就任の前に、海軍次官として海軍を取り仕切っていた当時から、アメリカは海洋パワーになるべきだとの強い信念を持ち、海軍を増強させるための政策を間断なく打ち出していく。

大統領就任直後に海軍の戦艦を増強する計画を実行に移し、在任中に大西洋艦隊を一六隻の戦艦で編成する規模にまで拡大させ、さらに海洋パワーとして抜きん出るために戦艦一六隻による世界一周航海を実現させた。軍艦の色は濃いグレーと相場が決まっていたが、すべての軍艦の色をホワイトに塗り替えたため、「グレート・ホワイト・フリート」と呼ばれるようになった。ホワイトは「平和」を示している。

ローズヴェルト大統領は「棍棒外交」や「砲艦外交」を全面的に打ち出した大統領であり、まさに「グレート・ホワイト・フリート」はその象徴的な存在であった。戦艦一六隻に、海軍と海兵隊の兵士約一万三〇〇〇人が乗艦し、一年二ヵ月をかけて西回りで世界一周を成し遂げた。大西洋艦隊の母港ノーフォークを一九〇七年一二月に出港し、一九〇九年二月に母港へ戻る壮大な航海で、まさにアメリカ海軍の遠洋航海能力が問われるテスト航海でもあった。

平和と親善を目的とした練習艦隊の世界一周計画は、セオドア・ローズヴェルト大統領とごく少数の側近で練り上げたもので、母港ノーフォークから出航して三ヵ月が経過した段階で、初めて世界一周航海の計画を公表した。平和や親善とは裏腹に、当時の日米関係は緊張に満ちあふれており、日米開戦がささやかれるほど両国の関係は最悪の状態だった。

当時の状況を振り返ると、①日本が日露戦争で勝利を収め太平洋の覇者となり、ロシア太平洋艦隊は崩壊、②日露戦争の講和会議を演出したローズヴェルト大統領はノーベル平和賞を受賞したが、戦後は対日警戒論者へ変貌、③イギリスは主力艦を北海へ移動させ、仮想敵国ドイツの挑発に備える準備に入り、極東・太平洋には日本海軍のみが存在する、④アメリカ国内では愛国主義が台頭し、西海岸のカリフォルニア州で排日運動が起き、反日感情が噴出していた。

このように日米関係は平和や親善とは程遠い緊迫した状況にあり、アメリカは日本を軍事的に牽制する必要を見出し、大西洋艦隊を太平洋へ回航させ、有事にはアメリカの海軍を動員する決意を示したというのが実情であった。親善を目的とした練習艦隊が世界一周することをアメリカ政府が発表したのは、一九〇八年三月であった。訪問先の寄港地に日本は入っていなかった。アメリカの隠された意図が反日であることを見抜いていた日本政府は、高度な外交的判断を下し、反対にアメリカ艦隊の訪日を強く要請し、横浜に寄港した際には空前の歓迎行事を行って、日本からアメリカに対して友好親善の強烈な意思表示を送った。

日本政府が示した外交の知恵は素晴らしく、この歓迎行事を境にして日米関係は急速に好転し、同年一一月に高平《たかひら》・ルート協定（正式名称「太平洋方面に関する日米交換公文」）を結んで日米関係を安定化させる枠組みを作り上げていった。

海軍の軍拡レース

二〇世紀の開幕から第一次世界大戦に至る期間は、海軍の軍拡競争が激しく繰り広げられた。ヨーロッパ大陸ではイギリス、ドイツ、フランス、オーストリア＝ハンガリー、ロシアが凌《しの》ぎを削り、これにアメリカと日本が加わって、七ヵ国による軍拡競争が行われた。

特にイギリスとドイツの海軍競争は激しさを増し、イギリス海軍はドイツに対抗するために革命的な新型戦艦「ドレッドノート（Dreadnought：恐れ知らず、勇敢）」を一九〇六年に建造（完成）、世界をあっと言わせた。すべて一二インチ（約三〇センチ）の主砲一〇門（旋回式）とし、小口径の副砲を廃止した。基準排水量一万七九〇〇トン、しかも蒸気タービン・エンジンを搭載して最大速力二一ノットという高速での航海が可能であった。

従来の大型戦艦は大口径の大砲（巨砲）を搭載して、なおかつ防弾性能を高めるために鋼板を厚くすると、スピードが落ちるというのが常識であった。大艦巨砲主義の戦艦の常識を覆したのがイギリスの「ドレッドノート」である。この新型戦艦の頭文字「D」を「弩《ど》」や「ド」に置き換えて、日本では「弩級」「ド級」と呼ぶようになった。この新型戦艦の性能をさらに上回る戦艦を「超弩級」「超ド級」と呼んだ。

セオドア・ローズヴェルト大統領は戦艦一六隻で編成された「グレート・ホワイト・フリート」を世界一周航海させたが、「ド級」の戦艦は一隻もなかった。やや厳しく表現すれば、時代遅れの旧式戦艦を短期間に、しかも大量に建造したことになる。イギリスの新型「ドレッドノート」戦艦の登場によって、今度は世界中の主要海軍国が「ド級」戦艦の建造に走り、「ド級」戦艦の軍拡競争に拍車をかけた。旺盛な経済力と工業力に物を言わせて、軍の近代化を急速に推し進めることができたアメリカは、一九一〇年にはドイツと肩を並べてイギリスに次ぐ世界第二位の海軍国となっていた。

ドレッドノート（アフロ）

当時は戦艦の保有数が、そのまま海軍力の規模を示す時代であった。一九〇〇年の段階で、第一位イギリス（三七隻）、二位ロシア（一二隻）、第三位フランス（一〇隻）、第四位アメリカ（七隻）、第五位ドイツ（六隻）、日本（六隻）、第七位イタリア（三隻）、オーストリア＝ハンガリーはゼロ隻であり、イギリスが圧倒的な強さを誇っていた（James C. Bradford, 2016）。

イギリスは前述のように一八八九年より「二国標準主義（Two-Power Standard）」を海軍戦略として定め、イギリス海軍は第二位と第三位の国家の海軍力の合計を常に上回ると決めた。イギリスは海軍力で圧倒的な優位を保つという原則であった。しかしイギリスは自らが開発した「ド級」戦艦により、イギリスが保有する大半の戦艦が旧式に属することになり、「ド級」を基準とした際には二国標準主義が崩れるという皮肉な結果を生み出してしまった。

第一次世界大戦が起きた一九一四年の海軍力を振り返ってみると、第一位イギリス（七〇隻〔ド級二四隻〕）、第二位ドイツ（四〇隻〔ド級一七隻〕）、第三位アメリカ（三三隻〔ド級一〇隻〕）、第四位フランス（二二隻〔ド級四隻〕）、第五位日本（一八隻〔ド級四隻〕）、第六位オーストリア＝ハンガリー（一二隻〔ド級三隻〕）、これ以下はイタリア（一一隻〔ド級三隻〕）、ロシア（一二隻〔ド級二隻〕）であった。イギリスの二国標準主義の対象となる第二位ドイツと第三位アメリカが保有する「ド級」戦艦の合計は二七隻となり、ついにイギリスの「ド級」戦艦二四隻を上回ることになり、イギリスが金科玉条としてきた二国標準主義はあっという間に崩壊してしまった（James C. Bradford, 2016）。

さらに第一次世界大戦によってイギリス海軍はかなりの打撃を受け、ドイツ海軍も壊滅的な損害を被った。世界大戦の戦場にならなかったアメリカは海軍力を温存することができ、イギリスを抜いて世界一の海軍力を保持する新しい時代を迎えた。

第一次世界大戦に参戦したアメリカ

以下では第一次世界大戦（一九一四～一八年）において、中立政策を採用していたアメリカがやむなく参戦に踏み切った背景を確認し、終戦処理構想のなかで海洋問題をどのように取り上げているかという点に特に注目してみたい。

ヨーロッパ大陸で第一次世界大戦が一九一四年八月に勃発した直後、アメリカは間髪を入れずに中立を宣言した。多くのアメリカ国民が中立を望み、戦争への関与に反対していた。モンロー宣言以来、アメリカはヨーロッパ大陸の情勢には関与せずとの孤立主義を堅持してきた。第一次世界大戦の引き金となったのは、ボスニアの都市サラエボでのオーストリア＝ハンガリー帝国の皇位継承者暗殺事件（一九一四年六月）であったが、世界大戦の底流にはイギリスとドイツの海軍競争があり、海洋覇権をめぐる争いがあった。

制海権を握るイギリスは、ドイツに対して海上封鎖を行った。戦艦などの水上艦艇でイギリスに劣るドイツは、真正面作戦ではイギリスに太刀打ちできないため、知恵を働かせて多数の潜水艦（Uボート）を建造して対抗しようとした。Uボートとは、ドイツ語で潜水艦の略称だが、英語圏ではドイツ海軍の潜水艦を意味する。

海洋覇権を目論むドイツは一九一五年二月、イギリスに出入港するすべての艦船（軍艦と民間商船）を、ドイツの潜水艦で攻撃するという無制限潜水艦作戦を宣言して、それを実行した。島国イギリスへの食料・物資搬入を阻止し、兵糧《ひょうろう》攻めにしてイギリスを衰弱させ、戦闘能力を奪う作戦であったが、イギリスはしぶとく生き残った。当時のロイド・ジョージ首相（在任一九一六〜二二年）は護送船団方式を導入し、海軍がグループ編成した民間商船を護衛したことで、民間商船の損失は激減した。

ドイツは大戦中、約三〇〇隻以上の潜水艦を出撃させ、イギリス海軍の巡洋艦を撃沈し、約五〇〇〇隻以上の民間商船を攻撃して沈没させた。ドイツは当初、民間商船に事前警告を与えてから魚雷で攻撃して撃沈していたが、大戦の後半になると無警告で民間商船を攻撃するようになった。アメリカは当初、中立政策を標榜してヨーロッパ大陸の戦争には関与しないとの態度を示してきたが、ドイツが一九一七年一月になって無警告の無制限潜水艦作戦へ踏み切ったことに反応して中立政策を放棄し、同年四月に参戦した。これを境にアメリカはモンロー主義に裏打ちされた伝統的な孤立政策を放棄することになり、「世界の警察官」への道を歩みはじめる。

参戦の背景

アメリカが一九一七年四月に対独参戦した背景には、二つの大きな事件があった。第一は、イギリスの豪華客船「ルシタニア号」がドイツ潜水艦の攻撃を受け、アメリカ人の乗客が多数死亡したことであり、第二は、第1章で述べたように、ドイツがメキシコ政府に宛てた極秘電報（ツィンメルマン電報）が解読され、メキシコが背後からアメリカを狙うというドイツの作戦計画案が明らかになったことだ。

第一は、イギリスの豪華客船「ルシタニア号」（キュナード・ライン所有、三万二五〇〇トン、世界最大で最速が売り物、乗客一二五七人、乗員七〇二人）が一九一五年五月、米国ニューヨークから英国リヴァプールへ航海中に、アイルランド沖合でドイツ潜水艦の魚雷攻撃を受けて乗員乗客一一九八人が犠牲となり、その中に一二八人のアメリカ人乗客も含まれていた事件である。

ウィルソン

この悲劇的な事件を受けてウッドロー・ウィルソン大統領（在任一九一三〜二一年）はドイツへ強硬な抗議を行い、アメリカの国内世論がこれを境に対独強硬論へと大きく傾いた。アメリカを筆頭に国際世論が対独非難を強めるなか、ドイツは無制限潜水艦作戦を一旦は中止した。

しかしドイツは同作戦の再開を迫られていく。英独の主力艦による唯一の艦隊決戦となるユトランド沖海戦が起きた。デンマークのユトランド半島沖で一九一六年五月三一

～六月一日に行われた海戦で、ドイツ艦隊は敗北こそしなかったが、制海権を握るイギリス海軍に圧倒され、戦闘で失った軍艦を除き、主力部隊はドイツの軍港へ戻って足止め状態となる。

ユトランド沖海戦ではイギリスが戦艦、巡洋戦艦（大砲は戦艦並みの大口径だが、船体は軽装甲の巡洋艦レベル）、巡洋艦など一五一隻を動員したが、軍艦一四隻と将兵約六八〇〇人を失った。一方のドイツは同様の艦種を九九隻揃え、軍艦一一隻が撃沈され、将兵約三〇〇〇人が死亡した。ジェリコー提督が指揮したイギリス側の損害も大きかったことは否めないが、ドイツ艦隊をキール軍港などに封じ込める状況を作り出した。

イギリスに海上封鎖されているドイツは、戦況が大きく好転する可能性はないと判断し、最終手段である無制限潜水艦作戦を一九一七年二月に再開したのである。これを受けてアメリカは対独参戦へと転換し、ウィルソン大統領は連邦議会へ宣戦布告を求め、両院（上下）は同年四月に圧倒的多数で承認した。

ツィンメルマン極秘電報事件

第二は、ドイツのアルトゥール・ツィンメルマン外相が一九一七年一月、メキシコ政府へ送信した極秘電報が解読され、メキシコが背後からアメリカへ攻撃を仕掛け、ドイツが戦勝国になった時に、メキシコはアメリカ南部の一部を奪還できるという密約が明らかになった事件である。これによりアメリカの世論はドイツ非難一色となった。

かつてメキシコは一八四六～四八年にアメリカとの間で米墨《べいぼく》戦争を戦い、敗北の結果、国土の三分の一に当たる北部領土（米国カリフォルニアからテキサスに至る広大な土地）を失った。この失われた領土をメキシコが奪還できることを条件に、ドイツはメキシコに対米参戦を持ちかけたのである。結局、メキシコは対米参戦はしなかった。

この極秘電報を傍受したのがイギリス海軍であった。ドイツは海底ケーブルを通じて極秘電報を送信したが、大西洋を横断する海底ケーブルはイギリスが敷設したものであり、イギリスは海底ケーブルで送られる電報をすべて検閲できる立場にあった。ドイツの極秘電報はイギリス海軍が解読し、アメリカに通告したが、イギリスが解読した事実を伏せることも忘れなかった。

ドイツに対して、イギリスの暗号解読能力を見破られたくなかったからである。この極秘電報に接したアメリカ政府は、ドイツに対して強硬な態度に傾き、最終的に対独参戦への決意を固めていく。政府は極秘電報を三月に公表し、四月の宣戦布告への流れが生まれた。

和平構想「一四ヵ条」を提案

第一次世界大戦が勃発してからアメリカが参戦するまでに約二年九ヵ月の歳月が流れているので、アメリカは戦争について十分考える時間的な余裕があったはずだ。大西洋に敷設したイギリスの海底ケーブルを通じて、イギリスとヨーロッパ大陸から、生々しい戦況に関する情報が刻々と伝えられていたことだろう。首都ワシントンや、ヨーロッパ出身の移民であふれるニューヨークでは、いかにヨーロッパでの戦争を終わらせるかについて侃々諤々《かんかんがくがく》の議論が展開され、アメリカの役割をテーマに討論会もたびたび開かれていた。

イギリスの豪華客船「ルシタニア号」に乗船していた多数のアメリカ人乗客が、ドイツの無制限潜水艦作戦によって犠牲になって以来、さらに戦争について深く向き合うことになったのは想像に難くない。ウィルソン大統領と側近のハウス大佐は、戦争を終結させるためにアメリカ主導で和平構想を提案すべきだとの結論に辿り着く。

民主党の大統領として、リベラルな立場で理想主義外交を展開したことで知られるウィルソン大統領は、プリンストン大学教授・学長の経歴からも理解できるように、知的作業のプロフェッショナルである。学者出身の大統領の知恵袋として、公職に就かずに陰の側近として大統領から片時《かたとき》も離れなかったのが、ハウス大佐であった。

大佐といっても軍人ではなく、実業家として歴代のテキサス州知事に仕え、軍事問題について助言する立場であったため、あくまでニックネームとして「大佐（Colonel）」と呼ばれるようになった。この二人が取り組んだ世界大戦の和平構想が「一四ヵ条」である。理想主義者の大統領と、実務家出身の側近による共同作業が結実したものだ。

アメリカが参戦してから約九ヵ月が経過し、ドイツとの戦争が続くなかで、ウィルソン大統領は一九一八年一月八日、連邦議会で「一四ヵ条」として知られる終戦処理の和平構想を提唱した。以下では英語の原文を参照しつつ、本書に関連する五つの条項を列挙する。

（1）プライベートに行われる国際的な合意を禁止し、オープンに平和の規約を策定する。外交は常にフランクに行い公開とする。

（2）領海外の海（＝公海）における航行の完全な自由を保障する。

（3）オスマン帝国内におけるトルコの主権を保障し、トルコ支配下の複数民族の生命と自治を保障すると共に、ダーダネルス海峡を永遠に開放し、船舶と通商の自由な通航を確保する。これらを国際的に保障する。

（4）ポーランドの政治的経済的な独立と領土保全を保障し、なおかつ海（the sea＝バルト海）への自由アクセスを保障する。

（5）あらゆる国家に政治的独立と領土保全を相互に保障するために、国家間の組織を設立する。

ヨーロッパ大陸でドイツ軍に侵略され、国土が戦場になった国々を一つひとつ取り上げており、第一次世界大戦というよりも、ヨーロッパ戦争への対応に主眼を置いたものであるのがよくわかる。ヨーロッパの政治と戦争に対する、アメリカの嫌悪感さえ読み取ることができる。またロシアでは革命家レーニンによるロシア革命が進行中で、ロシアの行く末にも不安を募らせていた。

そして戦勝国となるイギリスや日本の役割に関する言及はないものの、イギリスの伝統的な外交手法を真正面から否定する内容にもなっている。イギリスが得意とする秘密交渉や秘密条約を批判し、禁止しているからだ。

ヨーロッパで繰り広げられた権謀術数と決別し、複雑怪奇な外交を捨て去り、公正で開かれた国際社会を建設しようではないかと、アメリカは「一四ヵ条」においてイギリスやヨーロッパ諸国に問題提起している。新興大国として台頭したアメリカの息吹を感じさせるものであり、大国として新たな国際社会を構築していくという理想論が幅を利かせている。

最後の第一四項として登場した「国家間の組織」は、後に「国際連盟」として実現する。

海洋ルール「航行の自由」を提唱

ウィルソン大統領の「一四ヵ条」では、海洋に関する原則が三つ取り上げられており、アメリカが海洋問題へ深い関心を寄せていることを読み取ることができる。第一項目で秘密条約を否定し、公開外交を求めたうえで、第二項として公海における「航行の自由」を標榜している。

「航行の完全な自由」というように、「完全な（absolute）」という言葉が使われている点も注目できる。国際社会では「完全な」ことは何一つないにもかかわらず、「一四ヵ条」では「完全な」という言葉を前文と第二項の「航行の自由」で使い、理想主義を強調した文言となっている。「航行の自由」は、和平構想の優先順位として第二番目に置かれるほど、大きな意味をもっていた。

一般的に考えれば大国となったアメリカが、世界最大級の海軍を建設し、大西洋・カリブ海と太平洋を結ぶパナマ運河を完成させて海洋を支配する立場になったことで、世界中の海で自由に活動したいとの強い願望から「航行の自由」を求めたと理解できるが、それほど単純なものではなかった。当時の国際的な状況を考えると、かなり深刻な戦況を反映した画期的な提唱であったことがわかる。というのもイギリスとドイツが採用した海軍政策に真正面から挑戦状を突きつけ、これら両国の海軍政策を全面的に否定したからである。

前述のように、イギリスは対独戦を有利に展開するためにドイツへの海上封鎖を行い、これに対抗するためにドイツはイギリスへ出入港するすべての艦船（軍艦と民間商船）に対して、無制限潜水艦作戦を導入していた。これらイギリスとドイツの海軍政策を否定したのが、ウィルソン大統領だったのである。

「航行の自由」に加えて、第一二項で「ダーダネルス海峡を永遠に開放し、船舶と通商の自由な通航を確保する。これらを国際的に保障する」と提唱した。さらに第一三項では、「ポーランドの政治的経済的な独立と領土保全を保障し、なおかつ海（the sea＝バルト海）への自由アクセスを保障する」と提唱している。極論すれば、ヨーロッパの海洋はすべて開放され、自由な通航が保障されなければならないと、ウィルソン大統領は主張している。

アメリカやイギリスのような大国が「航行の自由」を声高に唱えると、こうした原則が国際ルールとして次第に定着していく。冷静に考えれば、アメリカはカリブ海を支配下に置いており、アメリカが管理するカリブ海やパナマ運河において、あくまで「航行の自由」を認めているにすぎないのだが、自国中心主義の大国が世界秩序を構想し、多数の国々がこれを受け入れると、海洋の新しい秩序ができあがってしまう。

アメリカ主導で海軍の軍縮——米英の共同覇権

この「一四ヵ条」を前にドイツが降伏を受け入れたため、連合国は一九一九年六月、パリ郊外のヴェルサイユ宮殿「鏡の間」にてドイツとの間でヴェルサイユ条約を締結した。講和条約の第一編で国際連盟の設立が盛り込まれ、講和条約によってもたらされたヨーロッパの平和をヴェルサイユ体制と呼ぶ。

ウィルソン大統領は国際連盟の設立に尽力した功績が認められ、一九一九年にノーベル平和賞を受賞した。しかし皮肉にもアメリカ連邦議会上院は、講和条約によってアメリカの主権が脅かされるとの判断を示し、条約を批准しなかった。またヴェルサイユ体制は敗戦国ドイツにあまりに過酷な賠償を求めた。そのため、ヒトラーが台頭してヴェルサイユ体制は一九三〇年代に瓦解していく。

　このようにウィルソン大統領の和平構想は必ずしも順調に推移したわけではないが、こと海洋に関してみれば、「航行の自由」を唱え、アメリカ主導で海洋の平和を実現するために次のウォーレン・ハーディング大統領（在任一九二一～二三年）がワシントンで会議を開くなど、アメリカは海洋秩序の形成に向けて大きな実績をあげる（後述）。かつてのイギリス主導型の海洋秩序から、アメリカ主導型に時代は着実に推移していることがうかがえる。

　第一次世界大戦の終結によって、アメリカは大国として自らの立場を意識するようになり、海洋の世界で覇権を握る動きを加速させていく。アメリカが具体的に描いたのは、世界の海洋におけるイギリスとの共同覇権である。世界大戦で経済は疲弊しきったとはいえ、やはりイギリスは世界最大の海軍国として一目置かれる立場であり、アメリカが一足飛びにイギリスに取って代わることはできなかった。イギリスと協力し、まずは共同で海洋覇権を確立する道を選んだ。

　その晴れ舞台となったのが一九二一年一一月から翌二二年二月にかけて、アメリカが開催したワシントン会議である。世界初の軍縮会議として歴史に名を残す。アメリカを含む九ヵ国から全権代表が集まり、底冷えのする冬のワシントンにて討議を重ねる日々が続いた。参加国はアメリカ、イギリス、日本、フランス、イタリア、オランダ、ポルトガル、ベルギー、中国の九ヵ国である。もっとも重要な海軍の軍縮会議は、主役のアメリカ、イギリス、日本の三ヵ国で緊密に行われ、脇役としてフランスとイタリアが加わって五ヵ国で軍縮を実現した。

アメリカが描いた軍縮構想は、戦艦と巡洋戦艦を保有する主要国の海軍を縮小して世界平和を作り出し、これによって軍事予算の大幅な削減を行い、アメリカを含む各国の経済体制を軍事経済から平和経済へ転換させるというものであった。そして軍縮の対象として、新しい艦種の航空母艦も対象に入れた。

アメリカが念頭に置いた主要国とは、自国に挑戦できる海軍力をもつイギリスと日本の二ヵ国のみであり、この時、日本を唯一の仮想敵国と見なしていた。またアジア地域では中国の政情を安定化させ、アメリカが自由に経済進出できるようにするためにも、日本の対華二一ヵ条要求（一九一五年）を放棄させることが重要であった。中国大陸の開放に向けたジョン・ヘイ国務長官の「門戸開放」宣言（一八九九年、一九〇〇年）が、しっかりと生きていた。とにもかくにもアメリカは、日本の大国化を阻止することに懸命であった。世界大戦が終結し、ヨーロッパでは永久（恒久）平和が語られるなかで、太平洋では日米が依然として海軍力の強化を行い、日米関係が極度に緊張していたのである。

こうしたアメリカの戦略的意図を前に、日本は軍縮対象への修正案を提出すると共に、アメリカが太平洋の島々（グアムとフィリピン）で要塞を強化している事実を問題視し、太平洋における軍備の現状維持を逆提案して、アメリカを牽制した。太平洋の軍備の問題ではアメリカ、イギリス、フランス、日本の四ヵ国が対象となった。

これらの結果、ワシントン会議では海軍軍縮を目的とした五ヵ国条約（米英仏伊日）、中国の地位を保全した九ヵ国条約（米英仏伊日＋オランダ、ポルトガル、ベルギー、中国）、そして太平洋における領土・権益なども含む現状維持を決めた四ヵ国条約（米英仏日）が締結された。こうしてできあがった世界の秩序を「ワシントン体制」と呼んだ。

第一次世界大戦後の世界を「ヴェルサイユ体制」と表現するが、これはドイツを対象としてヨーロッパの平和をデザインしたものだ。これに対して「ワシントン体制」とは、日本を対象に据えて、アジア太平洋での平和を構想することに主眼が置かれていた点で、大きく異なる。

海軍軍縮の比率

ハーディング大統領は、世界大戦で疲弊したアメリカ国民に対し、「平常への復帰」をスローガンにして大統領に当選しただけに、軍事予算を大幅に削減しながら国内経済を立て直すことは急務でもあった。

主力艦（戦艦と巡洋戦艦）の保有数が軍事力を顕示する時代にあって、これら主力艦の保有数を削減しつつも、いかにアメリカが海洋で主導権を握るかが課題であった。大きな財政負担を抱え、世界大戦で傷ついていたイギリスは諸手を挙げて軍縮を望む立場であり、アメリカが海洋の覇権を掌握できる絶好の機会がやって来たのである。

ワシントン会議の第一回総会が開かれた一一月一二日、アメリカ首席全権のチャールズ・ヒューズ国務長官は約二〇〇〇人の出席者（会議参加者、随行員、新聞記者など）を前に、アメリカは建造中の「戦艦」をすべて破棄すると一方的に宣言し、イギリスや日本にも建造中の戦艦の廃棄を求めた。そして、戦艦の建造を今後一〇年間にわたって停止すべきだと画期的な提案を行ったのである。

アメリカが提案した戦艦の保有比率は、アメリカ〈一〇〉およびイギリス〈一〇〉とした上で、日本〈六〉とするもので、一般的には〈五・五・三〉として知られる。日本にとって劣勢比率であることは自明であった。

この提案を受けて三日後の一一月一五日に開かれた第二回総会では、イギリスの首席全権アーサー・バルフォア枢密院議長（元首相・海相・外相）がアメリカ提案の軍縮に賛成すると発言して、会議の大きな流れを作った。世界最大の海軍国として、アメリカ案に激しく反対すると思われていたイギリスが、すんなりと賛成に回ったので、日本側は予想外の展開に大いに困惑した。後に明らかになったことではあるが、この会議直前に米英は秘密交渉を行っていたという。秘密外交を断じて許さず、公開外交を主張していたアメリカが、イギリスと口裏合わせをして落とし所を決めていた。

こうして米英が作った軍縮の大きな流れに対して、日本は猛反発するのではないかとの大方の予想を裏切って、日本の首席全権として参加した加藤友三郎《ともさぶろう》海軍大臣（在任一九一五〜二二年）は、アメリカの軍縮提案を受諾すると発言して、拍手喝采を浴びる。ときの原敬《はらたかし》首相（在任一九一八〜二一年）は国際協調路線を描き、戦後の経済不況から脱出するためにも軍事費の削減は急務と考えており、海軍内部の強硬派を抑えるために現役の軍人、それも海軍大臣の加藤友三郎を首席全権として任命し、軍縮会議での利害調整にあたらせた。加藤がワシントン会議に参加した際に、海軍の軍服ではなくスーツで着席したことで、米英欧の参加者に新鮮な驚きを与えたらしい。「国防は軍人の専有物に在《あ》らず」の名文句で知られる加藤は、バランス感覚に長けていた。

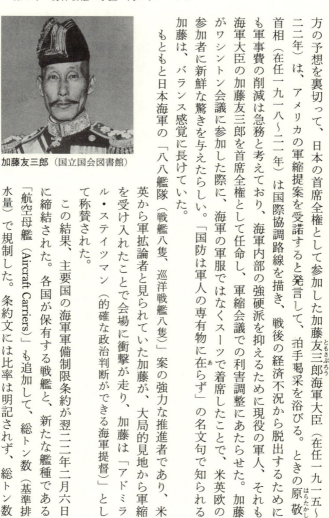

もともと日本海軍の「八八艦隊（戦艦八隻、巡洋戦艦八隻）」案の強力な推進者であり、米英から軍拡論者と見られていた加藤が、大局的見地から軍縮を受け入れたことで会場に衝撃が走り、加藤は「アドミラル・ステイツマン（的確な政治判断ができる海軍提督）」として称賛された。

加藤友三郎（国立国会図書館）

この結果、主要国の海軍軍備制限条約が翌二二年二月六日に締結された。各国が保有する戦艦と、新たな艦種である「航空母艦（Aircraft Carriers）」も追加して、総トン数（基準排水量）で規制した。条約文には比率は明記されず、総トン数が記載されている。これを総トン数の比率で整理すると、米〈一〇〉、英〈一〇〉、日〈六〉、仏〈三・五〉、伊〈三・五〉となる。この規制に巡洋艦を含まず、また戦艦の新規建造を一〇年間停止することも決めた。これを「海軍の休日（Naval Holiday）」や「建艦の休日」と呼ぶ。

加藤はアメリカに対しては、対米〈六割〉を受け入れる代わりに、建造中で完成間近の新鋭戦艦「陸奥《むつ》」を破棄の対象から除外することを条件に持ち出し、アメリカ首席全権のヒューズに受け入れさせた。というのもアメリカは建造中の戦艦「メリーランド」を、ワシントン会議の開催直前に完成させており、保有戦艦を一隻増やして有利な既成事実を作っていた。日本から見ればアメリカのやり方はフェアではない。日本はアメリカの建艦に関する情報を集めており、アメリカの既成事実化に反論したことになる。情報収集は、国益に直結する重要な任務であることを教えてくれる。

さらに加藤は四ヵ国条約では、アメリカが太平洋で領有する島々（フィリピン、グアム）での要塞化を停止し、太平洋の軍備で現状維持という逆提案を行い、これもアメリカに受け入れさせた。米英とも加藤の逆提案を受け入れることを了承し、アメリカは何とか軍縮提案を原案どおりの比率で採択することができたのである。加藤が首席全権であったからこそ、ワシントン海軍軍備制限条約は成立したといっても過言ではない。

精緻な条約

ワシントン海軍軍備制限条約を初めて英語の原文で読んだ時、その具体性と精緻さに驚いた。弁護士出身で、ニューヨーク州知事や最高裁判事などの要職を経験しているヒューズ国務長官がアメリカを代表しているだけに、軍縮対象の主要国ごとに保有できる戦艦の総トン数（基準排水量）を明記し、さらに保有できる戦艦の名前（艦名）を一覧表で掲載している。そこには〈一〇・一〇・六〉や〈五・五・三〉といった比率は明記されておらず、総トン数のみが記載されている。この一覧表に掲載されていない戦艦はすべて破棄の対象となり、一切の曖昧性を除去していた。

アメリカが主導してまとめ上げた海軍軍備制限条約であり、当然ながらアメリカに有利な文言となっている。軍艦の保有数では世界一であったイギリスとすり合わせ、アメリカはイギリスと共同歩調をとって、日本の軍備増強を抑えることを画策し、これを実現した。

一九二〇年代から一九三〇年代にかけての時代を「国際協調の時代」と表現するが、それを具現していたのがワシントン海軍軍備制限条約である。この「国際協調の時代」を演出し、大国として海洋覇権を打ち立てようと動いたのがアメリカであった。

こうして生まれた「国際協調の時代」は、一九三六年まで何とか持ちこたえることができた。ワシントン会議で対象外に置かれていた補助艦（戦艦より小さい巡洋艦と駆逐艦）の保有を規制するために、スイス・ジュネーヴで海軍軍縮会議が一九二七年に開かれたが、米英の利害が対立して決裂してしまった。世界恐慌が一九二九年に発生した直後も、軍縮への努力が重ねられた。英国・ロンドンにて海軍軍縮会議が一九三〇年に開催され、ようやく補助艦の保有比率を米英日〈一〇・一〇・七〉にすることで決着がついたが、どうしても日本は劣勢比率から逃れることはできなかった。

軍縮から軍拡の時代へ、戦艦から空母の時代へ

ヨーロッパではドイツがヴェルサイユ体制へ不満を募らせて再軍備へと進み、一九三三年に国際連盟から脱退した。ドイツは一九三九年九月にポーランドへ進軍し、第二次世界大戦(一九三九〜四五年)がはじまった。

日本国内では、軍縮条約での劣勢比率に不満をもつ海軍の強硬派が台頭し、軍備強化の声が高まりを見せるようになる。日本は満州事変(一九三一年)、国際連盟からの脱退(一九三三年)、ロンドン海軍軍縮条約からの脱退(一九三六年一月に通告)へと歩み、対米開戦(一九四一年一二月)へと動く。軍縮から軍拡の時代へと時は移った。

日本はロンドン海軍軍縮会議から脱退した翌一九三七年に、大艦巨砲主義のシンボルとなった巨大戦艦「大和《やまと》」の建造に着手した。しかし日本が一九四一年に対米開戦を決定し、一二月八日にハワイの真珠湾(パールハーバー)を攻撃した際、大きな役割を演じたのは新しい艦種の航空母艦であった。大型空母「赤城」「加賀」「蒼龍《そうりゅう》」「飛龍《ひりゅう》」などには、約四〇〇

機の戦闘機や爆撃機（零式艦上戦闘機、急降下爆撃の九九式艦上爆撃機、魚雷攻撃用の九七式艦上攻撃機）などが搭載されており、一分に訓練されたパイロットが操縦する艦載機で真珠湾の米海軍基地を急襲し、アメリカ太平洋艦隊の戦艦「アリゾナ」を含む多くの艦艇を撃沈・大破させた。

日本海軍の戦艦や巡洋艦からの艦砲射撃で真珠湾を攻撃したのではなく、あくまで空母に搭載していた艦載機が主役であった。日本海軍は航空母艦を戦争で本格的に運用した世界初の海軍である。

さらに真珠湾攻撃から二日後の一二月一〇日に、今度はイギリスを相手にしたマレー沖海戦でも、日本はベトナムの前線基地から爆撃機を飛ばして、イギリス東洋艦隊（極東艦隊）の戦艦「プリンス・オブ・ウェールズ」と巡洋戦艦「レパルス」を爆弾・魚雷攻撃で撃沈した。

「プリンス・オブ・ウェールズ」という称号は、イギリスの皇太子に与えられた特別なタイトルであったため、当然のこととしてイギリス人の自尊心を甚《いた》く傷つけたが、その主力戦艦を日本は航空機で破壊したのである。爆弾や魚雷を搭載した航空機の威力を強く印象づける海戦であった（イギリス海軍はすでに対独戦で主力艦を失っており、フランクリン・D・ローズヴェルト米大統領はイギリスを全面的に支援するため、アメリカ議会で一九四一年三月一一日、連合国に対して武器・軍需物資の貸与を可能にした武器貸与法を成立させた）。

このように日本海軍は航空母艦の有用性を十分実感していたはずなのだが、大戦中は大型の戦艦を重視する発想が抜けず、空母建造の優先順位は決して高くはなかった。当時の世界にあって、空母機動部隊を運用していたのは日米英の三ヵ国のみである。この点でも日本は、米英に恐れられていたわけである。

空母機動部隊の海戦

真珠湾攻撃を経験したアメリカは、戦艦の有用性を認識しつつも、海軍戦略は航空母艦を重視する方向へ修正を図り、海軍航空部隊の強化へと進む。イギリスがマレー沖海戦で敗北したことも、アメリカにとって大きな教訓となった。空母の新規建造、艦載機の新規開発、さらに若手パイロットの養成が急務となり、それらをすべて短期間に実現した国がアメリカであった。やはり最後は経済力、技術力、人口規模、そして合理的な戦略的発想が物を言う。

アメリカにとって幸運、逆に日本にとって不運だったのは、アメリカ太平洋艦隊の主力空母が一隻も真珠湾攻撃で被害にあわなかったことであろう。「エンタープライズ」「サラトガ」「レキシントン」の空母三隻は、別の任務を担当していたため真珠湾に停泊していなかった。真珠湾での敗北を教訓に、アメリカはこれら三隻の空母を中核にして高速の空母機動部隊を編成し、新規の空母を次々と建造しながら、日本への反撃に臨んだ。アメリカ海軍は主力艦の対象を戦艦から空母へ切り替えて、大戦中に空母の大量建造に踏み切った。

アメリカが大戦中に運用・建造していた空母の数は、なんと約一四〇隻にのぼる。空母といっても主力の大型空母（約一〇〇機の航空機を搭載、高額予算）、軽空母（小型・高速の空母、巡洋艦などを改修、低額予算）、そして護衛空母（小型・低速の空母、船団護衛用、低予算）など、三つのタイプに分かれる（八木浩二「アメリカ海軍における空母の誕生と発展」）。他方、日本海軍は大小合わせても約二五隻の空母に留まり、日米の差は歴然であった。

南太平洋パプア・ニューギニア沖の珊瑚海海戦（一九四二年五月）は、世界初の空母機動部隊同士の戦いとなり、日本がやや優勢ではあったものの、日米双方に大きな損害が発生しており、決定的な勝利ではなかった。しかし一ヵ月後のミッドウェー海戦（同年六月）で戦況は大きく動く。

今回も空母機動部隊同士の戦いとなったが、アメリカは切れ目のない偵察活動により日本の機動部隊をいち早く発見して、日本の主力空母四隻（「赤城」「加賀」「蒼龍」「飛龍」）を急降下爆撃などで破壊した。日本側は約三〇〇機の搭載機（戦闘機、爆撃機）をすべからく失い、大敗を喫する。そして何よりも日本の財産である多くの優秀な将兵を失ってしまった。やはりここでも迅速な情報収集が決め手となった。空母機動部隊のはるか後方で戦闘態勢に入っていた戦艦「大和」ではあるが、空母機動部隊が壊滅したことを受けて同海域から離脱して日本へ戻った。

ミッドウェー海戦での大敗以降、日本は太平洋での制海権と制空権の双方を失い、アメリカ優勢で戦況が推移していく。ガダルカナル戦やソロモン海戦（一九四二年）などで、日本はさらに傷ついていった。

日本が失った商船——日本船主協会

日本が失ったのは優秀な将兵、多数の戦艦や航空母艦だけではない。太平洋や東南アジアでもっとも甚大な被害を受けたのは、日本全国から徴用された民間商船であり、これらの商船に乗船していた船員・乗組員たちであった。

当時の様子を知るために、横浜にある「日本郵船歴史博物館」や貨客船「氷川丸《ひかわ》」（国指定重要文化財）に幾度か足を運んだ。大手船会社の日本郵船が、社会貢献活動の一環として博物館を開設している。これらの博物館を見学することで、明治から現代までの日本海運の歴史を学ぶことができる。近代日本のツーリズム産業を知る格好の材料でもあるが、戦争の悲惨さを再認識する場でもある。

日本郵船が刊行した『七十年史』『航跡——日本郵船創業120周年記念』『七つの海で一世紀——日本郵船創業100周年記念船舶写真集』、さらに同博物館の「常設展示解説書」を手にすると、近代日本の歩みがよくわかる。同「解説書」第五章「戦争と壊滅」では、民間商船が「太平洋戦争」で徴用され、陸軍、海軍、船舶運営会の管理下に置かれたことを図表で示すばかりでなく、米軍の攻撃によって多数の商船を失い、そして何よりも優秀な船員が多数犠牲になったことを明らかにしている。同社だけでも保有していた二二二隻のうち、じつに一八五隻を失い、犠牲になった社員は五三一二人（うち海上勤務五一五七人）に達する。

こうした悲惨な事態は大阪商船、三井船舶、川崎汽船など、日本を代表する船会社のすべてに当てはまる（大阪商船と三井船舶は戦後に合併して大阪商船三井船舶となり、ナビックスラインと合併して商船三井となった）。

現在、これら大手船会社は日本船主協会を組織している。船会社の歴史を振り返るため、同協会が刊行した『日本船主協会沿革史』および『日本船主協会五〇年史』を繙いてみた。同協会の前身は一八九二年に設立された日本海運業同盟会で、近代日本が「坂の上の雲」を目指した時期に、船会社も日本の未来を背負っていたことがわかる。

日本郵船歴史博物館（同館提供）

その後、日本船主同盟会に改称し、一九二〇年には全国的な単一船主団体として日本船主協会が誕生した。しかし日中戦争が起きてから日本政府の海運統制が厳しくなり、一九四〇年には日本海運協会という組合組織へと改編を迫られた。第二次世界大戦後には、アメリカの占領政策によって一九四七年に一旦は解散を命じられたが、その翌年には社団法

鎌倉丸（上）と、ぶらじる丸（ともに全日本海員組合提供）

人として復活し、その後は一般社団法人として現在に至っている。

日本郵船の「鎌倉丸」（一万七五二六トン）や大阪商船の「ぶらじる丸」（一万二七五二トン）をはじめとして、日本船主協会に加盟していた船会社の大型商船は、そのほとんどが第二次世界大戦中に米軍の攻撃で沈没してしまった。船が海の藻屑《もくず》となれば、その船員・乗組員もまた同じ運命を辿ったことを忘れてはならない。

日本が失った船員――全日本海員組合

船会社の次に、船員・乗組員が直面した過酷な状況をさらに知りたいと思い、神戸の海岸通に面した「戦没した船と海員の資料館」を訪れてみた。この資料館は全日本海員組合（JSU）関西地方支部の二階に設置され、第二次世界大戦で沈没した商船の写真や船員の遺品を展示している。

さらに資料コーナーに進むと、そこには日本郵船、大阪商船、三井船舶、川崎汽船など大手船会社が戦前から発行し続けてきた貴重な社史が揃っており、日本の海運史を学習するための最適な場となっている。同組合の前身である「日本海員組合」が結成されたのは第一次世界大戦直後の一九二一年で、二三団体、約二万人が参加した。欧米諸国の船員組合から学び、船員の生命と財産を守ることが目的であった。

筆者が資料館を見学したのは、真夏のとある日であった。ちょうど高校生や大学生のグループに遭遇し、綺麗に整備された展示に見入る彼らの姿を見て少なからず感動を覚えたことを記憶している。戦没した船と海員の資料館（神戸）は、日本郵船歴史博物館（横浜）と共に、青少年に対する海洋教育の場として機能していることに気づき、船会社と海員組合の取り組みに改めて敬意を表したい気持ちになった。

では、いったい日本全国で何隻の商船と船員が犠牲になったのであろうか。先ほどは日本郵船の被害を中心に辿ってみたが、さらに日本全国での被害を把握するべく全日本海員組合

戦没した船と海員の資料館（全日本海員組合提供）

が刊行した『海なお深く――徴用された船員の悲劇（上・下）』『戦没船写真集』『全日本海員組合四十年史――海上労働運動七十年のあゆみ』などの資料をあたってみた。「太平洋戦争で軍事徴用され、物資輸送、兵員輸送の任務に従事」した民間の船舶（漁船を含む）のうち、約七二〇〇隻が被害（被雷・空爆・触雷・荒天での海難）に遭遇している。

約六万人の船員が命を落としたという。こうした船舶に乗船していた船員のうち、特に一四歳から一九歳までの少年船員は約一万九〇〇〇人を数える。陸海軍人の死亡率が約二一パーセントといわれるなか、船員の死亡率はその倍に当たる約四三パーセントを記録する。船舶の損害率は八〇パーセントを超え、遠洋航路が可能な船舶はほぼ壊滅状態であった。

戦時中における日本商船の沈没原因は、その九四パーセントが「戦争海難」――アメリカ潜水艦などの魚雷攻撃（雷撃五六・五パーセント）、戦闘機や爆撃機による攻撃（空爆三〇・八パーセント）、浮遊している機雷への接触（触雷六・七パーセント）に起因する。

これほどまでの甚大な被害がなぜ商船と船員にもたらされたのかという問題意識のもと、

当時の国家政策や法令を振り返ってみた。同組合と同資料館が編纂した年表が役に立つ。日中戦争が起きた一九三七年から、第二次世界大戦が終了した一九四五年までに、日本の船舶や船員は国家の管理下に置かれるようになる。臨時船舶管理令、国家総動員法、船員徴用令の公布、日本海員組合と船員協会に加えて海事協同会を日本海運報国団に改編、海運統制国策要綱、戦時海運管理要綱の決定、造船統制会や船舶運営会の設立、緊急船員動員強化要綱などが発動され、合法的に船舶と船員が徴用されていった。

ここで残念なことに、日本には「輸送にあたる商船を護衛するという、いわゆるコンボイ（convoy：護送船団〔引用者注〕）の思想はなかったから、戦時中の船舶の戦争被害や事故はきわめて多かった」（『全日本海員組合四十年史』）。つまり民間商船は丸裸で、戦場への物資輸送に駆り出されたということになる。あまりに過酷な状況であったと認めざるをえない。

海軍軍人・軍属の死者数は四一万四八七九人（うち軍人約三〇万人、軍属約一一万人）。軍属の中身を調べると、なんと船員に加えて、海外で商船の運航管理をしていた船会社社員が多数含まれていることがわかった。日本船主協会や全日本海員組合がいまでも戦争への関与に対して敏感な反応を示すのは、このような哀しい歴史を背負っているからだ。

第二次世界大戦直後の一九四五年一〇月、日本全国の船員たちが結集して全日本海員組合（JSU）を結成した。さらに国際的な船員の連携協力を推し進めるため、同海員組合は国際運輸労連（ITF）へ加盟し、船員の生命と安全をめぐる国際ルールの確立に尽力していく。

第4章　海洋ルールの形成

二〇世紀前半まで世界の海洋は、イギリスが中心となって採用してきた「領海」と「公海」で区分され、きわめて単純に捉えられていた。しかし「領海」と「公海」という図式を覆し、新たな海洋秩序を、それも一方的に宣言したのが大国アメリカであった。その背景には、捕鯨の衰退にともなう石油時代の幕開けという趨勢がある。当初、石油開発は広大な内陸で行われたため、海洋との関係はなかった。

しかし、内陸での開発が行き詰まると、太平洋に面した沖合の海底油田で石油を掘削する計画が持ち上がる。こうした国内での石油開発の延長線上に、本章で扱うトルーマン宣言がある。以下では、それが生み出された歴史的な背景を明らかにし、アメリカが模索した二〇世紀の海洋秩序形成とその影響についてまとめてみたい。

トルーマン宣言とは何か――サケと原油

アメリカ合衆国大統領ハリー・トルーマン（在任一九四五～五三年）は一九四五年九月二

八日、アメリカ大陸に接続する海洋に関して二つの宣言を発し、新たに「大陸棚」に関する権利と、水産資源の保護・管理という新たな発想を持ち込んだ。これをトルーマン宣言と呼び、前者を大陸棚宣言とした。

「トルーマン宣言」は、もともとフランクリン・D・ローズヴェルト大統領の時代に構想されたものであり、ローズヴェルト大統領の宣言として発表される予定であった。しかしローズヴェルトが厳冬のヤルタ会談（一九四五年二月）から帰国して間もなく病に倒れ、急死したことによって「ローズヴェルト宣言」は幻となってしまった。〝幻のローズヴェルト宣言〟を引き継いだのが、後継のトルーマン大統領であった。

トルーマンが直面した課題はあまりに膨大で、緊急性を要するものが目白押しであった。第二次世界大戦の戦争遂行、戦争終結に向けたイギリスやソ連との利害調整、国際連合の設立、トルーマン・ドクトリンの発表、マーシャル・プランの発表、中国大陸への関与（国民党の蔣介石《しょうかいせき》と共産党の毛沢東《もうたくとう》・周恩来《しゅうおんらい》への対応）、西ベルリン空輸作戦（ソ連によるベルリン封鎖）、北大西洋条約機構（NATO）の設立、国防総省の創設、朝鮮戦争への参戦、水爆実験の実施――トルーマン政権はこれらの重要案件を、すべて短期間で処理しなければならなかった。

このように列挙すると、大陸棚に関する領有権や水産資源に関する問題は重要ではあるが、政策案件としての優先度は低く、アメリカが世界を相手に緊急対応する案件ではないことが

トルーマン

見えてくる。しかし、この宣言が後に海洋秩序に革命的な変化をもたらす。

トルーマン宣言の前までは、世界の国々にとって海洋の支配とは、〝海面〟を支配することを意味していたが、トルーマンは〝海中と海底（地下）〟を管理すると宣言した。これによって「海上」「海中」、そして「海底（地下）」に関する三つの権利、つまり海洋を三層構造でとらえる新たな着想が世界の海洋秩序に埋め込まれることになった。

本宣言は、アメリカ合衆国に接続する海底の土地（海床）・地下（大陸棚）は、公海の下であってもアメリカ合衆国に「管轄権」と「管理」の権限があり、またアメリカ沿岸沖の一定水域を回遊する水産資源は、アメリカ合衆国に「保護」と「管理」の権限があるとする政策文書である。水産資源の具体的な名称は伏せていたが、明らかに対象は高価格のサケである。大陸棚には豊富な原油が眠り、沖合では夥《おびただ》しい数のサケが泳いでいる。トルーマンは原油とサケの双方を手に入れるために、トルーマン宣言を発表したのである。つまり、トルーマン宣言は、海底油田の開発と水産資源の管理という二つの柱で成り立っているということだ。

海底油田に関しては後述するため、ここでは水産資源に少し触れておくと、トルーマン宣言が想定した「水産資源」とは、主に「サケ」のことだが、定着魚介類の真珠貝も含まれる。それもアラスカ沖合のサケを保護・管理することを主眼としたものであった。北太平洋はサケの好漁場で、特に日本の漁船が遠洋航海の後にブリストル湾で操業しており、サケの好漁場がこの日本漁船によって荒らされていると、アラスカの水産業者は戦前の一九三〇年代から問題として取り上げていた。とりわけ一九三七年から翌三八年にかけて、アメリカでは上院議員がローズヴェルト大統領を動かして日本漁船締め出しの法案通過を模索するなど、大きな国内問題となっていた。国務省は駐日アメリカ大使ジョセフ・グルーを通じて、日本政府に圧力を行使して日本漁船によるアラスカ沖での自主規制を求め、さらに日本の水産調査船への取り締まりを要望するなど、日米関係は水産業の分野でも緊張関係が高まっていた。折しも日本は中国大陸への進出を加速させており、アメリカでは日本の軍国主義化への懸念から、日本漁船によるアラスカへの遠洋操業にも、ある種の不気味な脅威を重ね合わせていた。

第二次世界大戦が終わっても、アメリカは日本漁船が再び戻ってくることを恐れていた。

トルーマン宣言は国内問題扱い

トルーマンは大統領に就任して以来、毎月のように宣言や行政命令を通達しており、トルーマン宣言だらけの状態であった。トルーマンは大陸棚と水産資源に関する「宣言」を発した直後に、「行政命令」を通達している。「行政命令」とは、大統領が法律や政策の執行について所管する行政組織に対して命じるものであって、アメリカ国民に向けたものではない。大陸棚の管轄権については内務長官に、そして水産資源の保護と管理に関しては、国務長官と内務長官にそれぞれ「行政命令」を出している。

行政命令の通達先から見えてくるものは、大陸棚を所管する責任者は内務長官であり、国務長官（日本の外務大臣に相当）ではないということだ。つまり、大陸棚は国内問題として扱うということであり、国際問題を前提にしてはいないということを意味する。一方、水産資源の保護と管理については、外国漁船のアメリカ沿岸沖での操業を規制するのが目的であり、国際問題を前提としていたため、まずは国務長官に、そして内務長官に通達が出されている。

また、宣言では領有という言葉が使われずに、「管轄権」や「管理」という用語が採用されている。これは連邦議会対策を狙ったものであると考えられる。領有に関する提案は法律として議会での審議と採決が必要だが、管轄権や管理を提案するのであれば議会に諮る必要はなく、大統領宣言で済ますことができるからだ。こうした議会対策を踏まえて編み出されたのが、トルーマン宣言なのだ。

本章で扱うトルーマン宣言は、アメリカ外交や現代史の文献で登場し、冷戦時代を象徴するトルーマン・ドクトリンとは、異なるものである。世界史の教科書で登場するのは冷戦政策としてのトルーマン・ドクトリン（一九四七年三月）であって、新しい海洋政策を提案したトルーマン宣言ではない。

第二次世界大戦が終結してからほぼ一ヵ月後の宣言であり、ヨーロッパ大陸は廃墟と化し、日本やイギリスの主要都市も爆撃によって荒れ果てており、世界中に飢餓が蔓延していた。そのようななかでトルーマン宣言は、ごくごく地味に発表された政策文書や行政文書であり、これが後々、世界に海洋革命をもたらすものになるとは誰も考えてはいなかった。

トルーマン宣言が世界の海洋秩序にどのような影響を与えてきたのかを具体的に考える前に、そもそもアメリカがなぜ海洋開発に目をつけ、どのような経緯で大陸棚及び漁業水域に関する宣言へと至ったのかを歴史的に振り返ってみたい。アメリカにおける石油の発見、石炭から石油へのエネルギー革命、石油の争奪戦、さらに国内政治力学を知ることによって、トルーマン宣言の背景をより深く理解できるはずだ。

石油利権をめぐる国内政治力学

トルーマン宣言がいったいどのような背景で誕生したのか、その答えは彼の自伝のなかに見つけることができた。邦訳『トルーマン回顧録』として日本でも出版されており、第二巻の終章直前に「海底油田法案に断固拒否権」（第三〇章）として、トルーマンが海底油田の所有権問題や大陸棚の管理、さらにサケなどの水産資源の確保に取り組んだことが述べられている。

もっとも、海底油田の存在が注目され、油田開発の機運が高まったのは一九四〇年代であった。当時は掘削技術のレベルは低く、小規模な掘削が行われていたのみだったが、第二次世界大戦を通じて技術革新が急速に進み、海底油田の開発が一気に可能となってきた。海底油田の掘削技術が飛躍的に進歩するなかで、エクソンモービルの前身の石油会社スタンダード石油会社などが、海底油田の開発へ本格的に参入しようとしていた。石油企業は州議会議員と連携して、〝州による〟大陸棚の独占的開発に乗り出す。

州の政財界が動いて、油田開発に関する独占権の獲得を目指していたが、それを声高に主張していたのが、テキサス州、ルイジアナ州、ミシシッピー州、そしてカリフォルニア州であった。合衆国を構成する複数の州が、三カイリの領海を越えて公海の下に広がる大陸棚の所有権や開発権を主張し、連邦議会上院に法案を共同で提出して、州政府の独占的な所有権を認めさせようとしていたわけである。結局、上院に共同の決議案を提出したのはカリフォルニア州、テキサス州、ルイジアナ州の三州であった。上院では幅広く支持を集めることに成功し、決議案を通じて州の権益が連邦に優先する可能性が高まっていた。これに待ったをかけたのが、トルーマン大統領であった。

『トルーマン回顧録』に登場する「拒否権」とは、カリフォルニア州、テキサス州、ルイジアナ州の三州が共同で上院へ、公海の下に広がる大陸棚の所有権を主張した提案に対する大統領の「拒否権」行使であった。

トルーマンは回顧録で、「どんな法案が私に提出されても、これは国家全体からみて、国民多数のために不利になると信じた場合には、遠慮なく否認した」（邦訳書原文）と述べており、国益を最優先に考えると明言している。トルーマンにとって大陸棚は、連邦議会や連邦裁判所、そしてホワイトハウスが建設された首都ワシントンと同様に、いずれの州にも属さない特別区であり、国家や国民のために存在するものだとの強い信念があった。

トルーマンの前任者であるローズヴェルト大統領の時代から、〝連邦政府〟が大陸棚を所有すべきであるとの法案が上院議員や下院議員によって連邦議会に提出されていたが、ことごとく反対に遭って成立しなかった。石油利権を確保したい州の利権を背負った連邦議員が、こぞって反対に回っていたからである。トルーマンが大統領に就任した後も、石油利権をめぐる連邦と州との対立は続き、この対立に終止符を打つために、彼は州の利益に優越する国益の観点から、一九四五年九月二八日に大統領宣言と行政命令を発した。

あくまでも大陸棚の資源は特定の州に帰属するものではなく、連邦政府が所有することによって、あまねくアメリカ国民全体の利益に寄与する。その強い信念から、大統領宣言と行政命令、つまり「トルーマン宣言」が生まれたのである。

州による石油利権独占への拒否権

この「拒否権」について、少し説明をしておこう。アメリカ合衆国憲法第一条第七節には、

「大統領拒否権」が明記されており、大統領の権威を象徴する条文となっている。

第一条第七節第三項では、「両（上下）議院の同意を要するすべての命令、決議または表決（休会にかかわる事項を除く）は、これを合衆国大統領に送付するものとし、大統領の承認を得てその効力を生ずる。大統領が承認しないときは、法律案の場合について定める規則と制限に従い、上院および下院の三分の二の多数をもって、再び可決されなければならない」と規定している。大統領が法案に対して拒否権を発動しても、連邦議会で再可決することが可能となっているが、実際には連邦議会において三分の二の票を確保して法案を再可決することは困難なため、大統領の拒否権は絶大な権限として理解されてきた。トルーマンは州政府の油田開発の独占的権利を認める法案を阻止するために、伝家の宝刀、すなわち大統領拒否権を行使したのであった。

こうしたアメリカの当時の国内政治を理解していないと、トルーマン宣言は第二次世界大戦後に覇権国家となったアメリカが、世界に向けて一方的に宣言したものであると思い込んでしまう。しかしその実像は、州政府と連邦政府との対立という政治力学が織りなす、国内政策そのものであったことが理解できよう。

石油開発の歴史

トルーマン宣言が発表された一九四五年当時の世界では、資源エネルギーといえば石油で、石油を制する者が世界を支配するとの考えが世界的に共有されていた。自動車、船舶、航空機の燃料は、ほぼすべてが石油で動くエンジンを搭載するようになり、軍隊では戦車や装甲車、戦艦や航空母艦、戦闘機や爆撃機を作戦配備する際にも、後方支援として石油の供給が最重要となっていた。石油化学製品の開発は緒に就いたばかりのため、石油の用途はもっぱらエンジンの燃料、そして照明用ランプのオイルに限定されていた。経済の発展にも戦争遂行にも、石油が不可欠の時代が到来したのである。

このように石油が日常生活で必需品となり、国家の経済発展ばかりでなく、国防の軍事作戦でも、石油の供給を前提にしてプランが立てられるようになったことを考えれば、石油資源を確保する大陸棚の管轄権を主張するトルーマン宣言は、アメリカにとってきわめて重要であったことが理解できる。

石油は不思議な液体で、そもそもアメリカでは内臓疾患・関節炎・リウマチ・切り傷・火傷《やけど》・打撲などの治療薬として、つまり一種の万能薬として活用されていた。その後に照明用の石油ランプの燃料として日常生活の必需品となり、二〇世紀初頭にT型フォードに代表される自動車が発明されると、自動車エンジンを動かす燃料として、アメリカの経済発展に不可欠な物資となった。石油はアメリカに、そして世界にエネルギー革命をもたらした。

もともと石油の存在は一八世紀に、ペンシルヴェニア州、オハイオ州、ケンタッキー州などで確認されており、とりわけ先住民のセネカ族が支配する領地で発見されたことから、一般的にセネカ・オイルとして知られるようになった。一八世紀後半には石油取引の単位として、「ガロン」や「ケッグ」が用いられていた。

一九世紀になるとペンシルヴェニア州で、薬剤師のサミュエル・キーアが登場し、父親が所有する塩井戸（塩水を抽出するための井戸）から、塩水の抽出と同時に湧き出た石油を採取してボトルに詰め、これを一八四九年に万能薬として販売した。当時のアメリカでは、内陸の各地で井戸掘りが行われ、塩水の採取が重要なビジネスとなっていた。

アメリカ大陸中西部では、塩井戸の掘削作業中に石油が勢いよく噴出することがしばしばあり、植民者たちを驚かせていた。じわじわと地表に湧き出た石油が溜まって黒い液体の湖が出現し、そこにタバコの火が引火して炎上する光景にも遭遇するなど、石油は不気味な液体として恐れられてきた。

炎上した石油は数日間から数週間にわたって燃え続けることもしばしばで、黒い煙は遠方からも確認できるため、地下に黒い液体が大量に存在する地域は広く知られていた。石油の利用価値を知らなかった当時の植民者から見れば、石油は単なる厄介な液体にすぎなかったことであろう。

サミュエル・キーアは一八五〇年頃になると、ピッツバーグにアメリカ初の石油精製工場を建設し、石油の瓶詰めを「キーアの岩油」、さらには「キーアの石油バター」として販売した。前者の岩油は、英語のロック・オイルを直訳したものだ。このロック・オイルは、飲み薬として内臓疾患や、切り傷を治す効能があるとして販売された。こうした万能薬を販売したことでキーアは、アメリカ初の石油成金《なりきん》となり、石油の増産を加速させた。

カーボン・オイルの発明――オイル・ランプの誕生

石油は順調に増産できたが、産出量が増えすぎ、供給が需要を上回って大量に余ってしまった。万能薬として販売できるマーケット（需要）は限られており、石油の有効活用を考案する必要に迫られた。そこでキーアは、ペンシルヴェニア州の都市フィラデルフィアに在住する化学の専門家に石油の有効活用の分析を依頼し、用途の多角化を模索した。その結果、石油を蒸留して良質の灯火油を精製できることを突き止めた。これが灯油のはじまりである。

蒸留とは、石油を加熱して蒸発させ、その気体を冷やして液化することだ。キーアは試行錯誤の末に、石油の蒸留装置を考案して大量の石油を灯油に精製する技術を発明し、蒸留した石油を「カーボン・オイル」と命名した。こうして石油を原料とした照明用の燃料油の精製に成功し、キーアはアメリカに灯火の革命、燃料の革命、つまりエネルギー革命をもたらす先人となった。

カーボン・オイルが出現したことで、照明用のオイル・ランプが考案され、家庭や職場へ瞬く間に普及していった。オイル・ランプが普及するにつれて、それまで人気のあった鯨油の需要が一気に低迷する。鯨油は値段が高く、しかも燃やすと悪臭が充満するため、消費者は我先にと石油を燃料とするオイル・ランプへ殺到し、鯨油ランプは徐々に廃れ、鯨油の採取を目的とした捕鯨業も衰退していく（第2章参照）。石油へのエネルギー革命は、こうしてアメリカではじまった。

キーアは石油エネルギー革命の先人であっても、アメリカの石油産業を興隆させ、支配したわけではない。アメリカにおける石油産業の起源は、ペンシルヴェニア州タイタスビルの油田開発に求めることができる。この油田で、石油を掘削するための特殊な機械を使って地中にドリルで穴を掘り、地中から石油を汲み出すというシステムを導入したのが、石油会社に勤務していた掘削技師エドウィン・ドレークであった。

ドレークが開発した技術を活用して、石油の掘削、精製、販売、流通を企業システムとして体系化したのが、企業経営者ジョン・D・ロックフェラー（一八三九〜一九三七年）であった。類まれなる企業家としてスタンダード石油オハイオ社を設立し、アメリカ国内で点在していた石油関連企業を次から次へと買収し、市場の独占化を推し進めていった。初期には石油の販売と流通を手掛けていたが、次第に上流といわれる油田開発、採掘、精製にも手を出し、いわゆる上流から下流（生産・流通・販売）に至るすべての石油ビジネスを掌握していった。

はじめに手掛けたのは照明用ランプの灯油だが、その後、ディーゼル・エンジンなどが発明されると燃料油の生産を開始し、市場を独占していった。ロックフェラーは、アメリカ国内での成功を礎《いしずえ》にして海外への輸出にも積極的に関与していった。アメリカ国内で豊富な油田が存在したことから、国内での生産と販売に集中し、海外における油田開発にはさほど熱心ではなかった。

イギリスの不運——石油がなかった

産業革命を主導して大英帝国を築いたイギリスで、なぜ石油革命が発生しなかったのかと疑問に思っていたが、そもそもイギリスには石油がなかったのだ。一九世紀後半に石炭から石油へのエネルギー革命がはじまると、アメリカ、イギリス、ドイツ、オランダ、フランス、ロシアなどの国々は、国内での油田開発に躍起となった。

しかし国内に油田が存在することが判明しているのは、アメリカとロシアの大陸国家にすぎず、産業革命を主導したイギリスには石炭はあっても石油はなく、ドイツ、オランダ、フランスの西欧諸国も同様に油田を見つけることはできなかった。

イギリスとノルウェーに挟まれた広大な海域の「北海」で膨大な海底油田が発見され、生産がはじまったのは一九六〇年代だ。アメリカで石油の掘削が本格化したのが一八五九年であったから、イギリス国内での開発はアメリカに後れること約一〇〇年ということになる。

イギリスでは一八〜一九世紀に水力を使った綿織物（コットン）の紡織機や、石炭を使った蒸気機関の開発（代表例は蒸気船、蒸気機関車）では最先端の技術を誇っていたが、石油を燃料とする技術開発ではアメリカに差を付けられてしまった。

イギリスは海外で油田開発を行う以外に選択肢はなく、世界中で油田の発見、原油の採掘、そして精製から販売を企業連合で手掛けるようになる。中東湾岸地域でイギリスが石油開発に強みをもつというのは、こうした事情が背景にある。反対に、国内に油田を抱えるアメリカとロシアは、自国の油田発見と開発に集中し、あえて海外進出して油田を開発する必要がなかった。アメリカの石油企業は自国で生産した石油を海外へ販売することに専心した。

グレート・ゲーム――石油の争奪戦

一九世紀後半から二〇世紀前半にかけて、石油をめぐる「グレート・ゲーム」が世界各地で、しかも激しく展開されていた。もともと「グレート・ゲーム」とは一九世紀に、イギリスとロシアが中央アジアの覇権をめぐって情報戦を展開し、熾烈な勢力争いを行ったことを表現した言葉だが、石油の争奪戦はまさに「グレート・ゲーム」の名にふさわしい。

イギリスの石油企業シェルがロシア産原油を輸入していたため、ロシア産原油比率を低下させるためにも、海外での油田開発は喫緊《きっきん》の課題となっていた。

中央アジア、ペルシャ湾、さらに英領インドに触手を伸ばすロシアの南下政策を食い止めるために、イギリスは現地での情報戦を繰り広げており、一九世紀の中央アジアは「グレート・ゲーム」の主戦場となっていた。いずれイギリスとロシアは、覇権の争奪をめぐって戦争をするのではないかといわれるほど、両国関係は緊張の度合いを高めていた。

ノーベル文学賞を受賞したイギリスの人気作家ラドヤード・キプリング（一八六五〜一九三六年）が、著書『少年キム』で「グレート・ゲーム」という言葉を使ったことで、やや大袈裟にいえば世界中に広まり、大国間の覇権争いを象徴する言葉として理解されるようになった。一九世紀末の英領インドで生まれたイギリス人孤児キムが、優秀なスパイに育てられていく物語だ。キプリングといえば、英領インドのジャングルでたくましく生きる少年を描いた『ジャングル・ブック』でも有名だ。

なぜ石油をめぐる「グレート・ゲーム」が起きたのかといえば、前述したように、アメリカ国内で原油を精製する技術が編み出され、各種の石油製品が発明されたからだ。アメリカ発の石油へのエネルギー革命は世界を一変させることになり、イギリスやロシアは石油をめぐる新たな「グレート・ゲーム」に走らざるをえなかった。

「グレート・ゲーム」の舞台となっていた中央アジア、ペルシャ湾周辺地域で一九世紀後半に油田の開発が本格的に行われるようになり、民間企業を巻き込んで石油の争奪戦が激化していった。当時のイギリスは産油国ではなかったため、オイル・ランプの燃料油として、大産油国のアメリカとロシアから灯油を輸入しなければならなかった。ロシアとは覇権争いをしつつも、一方でロシア産の灯油（アゼルバイジャンのバクーに油田）に依存しており、イギリスにとってロシアとの関係は矛盾に満ちたものであった。

かといってアメリカのスタンダード石油会社が供給する灯油に絞れば、イギリスの対米依存度が高すぎ、国家のエネルギー安全保障の観点から見れば脆弱性が増すことになる。やはり対米依存の比率を低くする努力も必要であることを考慮に入れると、ロシア産の灯油を輸入するという苦渋に満ちた選択肢に辿り着く。イギリスにとって、原油調達先の多様化は切実な課題で、常に対外関係で難問を抱えていた。

二〇世紀に入り、テキサス州などアメリカ南部で、巨大な油田が発見されるまで、アメリカではスタンダード石油会社が独占企業として君臨し、国内油田の開発から販売・流通まで一貫した企業経営を行い、イギリス、ヨーロッパ大陸、ロシアにまで輸出することで、世界市場を席巻するようになっていた。アメリカ国内では一九世紀末から、州と連邦レベルの双方で、独占禁止法を適用し巨大化を阻止する動きが生まれた。と同時に海外でも、スタンダード石油会社による世界市場の独占を制限しようとする動きが加速し、二〇世紀初頭になると、イギリスとオランダが石油市場に参入してきた。

海外での独占阻止は、一九〇七年の英蘭系のロイヤル・ダッチ・シェル・グループの誕生となって実現した。イギリスの企業シェルと、オランダ企業のロイヤル・ダッチが手を組み、国境を越えた企業連合を形成して、スタンダード石油会社に対抗しようとした。ロイヤル・ダッチは、オランダ領インドネシアで油田開発を行っており、シェルが極東進出する際の競争相手だったが、共闘する道を選んだ。

また、イギリスは石油を支配する者が世界を支配するとの考えから、国家政策として油田開発を海外植民地で行う方針を固め、一九〇八年にアングロ・ペルシャ石油会社（一九〇八年に油田発見、名称は後にアングロ・イラニアン石油会社、BPに変更）を設立し、海外での油田開発を精力的に行うようになる。

スタンダード石油会社は独占禁止法違反の対象となって数社に分割され、石油企業の再編が行われた。アメリカでは複雑な企業合併、企業分割が繰り返され、またイギリス、オランダ、フランスで石油企業が勃興したことで、二〇世紀中ごろには「メジャー」と言われる巨大石油資本が誕生し、世界中で激しい競争が生まれるようになった。

海底油田への注目

スタンダード石油会社が北部地帯で行った油田開発の恩恵を受けて、ニューヨークは巨大で近代的な都市へと発展することができた。さらにテキサス州など南部で大規模な油田が発見されたことにより、海外における油田開発への投資意欲はさらに低下し、アメリカ大陸本土での油田開発に関心が集中する。

大陸本土での油田開発は、いつかは原油が枯渇するのではないかとの恐怖心を経営者に与え続け、この恐怖心に突き動かされて国内各地での油田開発に一層拍車がかかった。こうした熾烈な国内競争の延長線上に、沿岸沖合の海底油田という新たな領域での開発に注目が集まるようになる。

北部のスタンダード石油会社系の企業に対抗して、西海岸のカリフォルニア州、南部のテキサス州、ルイジアナ州、東海岸のフロリダ州など各地で、地場の石油企業が海底油田の開発に名乗りを上げるようになる。民間企業を後押しするために、州政府や州議会でもその開発を支持する動きが生まれ、州レベルでは官民一体となって海底油田の開発に着手する方向が打ち出されるようになった。こうして州独自の権益を確保する動きが生まれる。

第二次世界大戦が一九三九年にはじまると、石油なくして戦争の遂行は考えられなくなり、また戦争遂行にともなって莫大な量の石油が短期間に消費されることも実証された。このためアメリカ大陸に埋蔵されている原油の発見に、石油企業は全力を挙げる。そして、カリフォルニア州やテキサス州は、接続する海底の土地「大陸棚」が州に属するとの所有権を主張し、法的に認めさせるために、連邦の両（上下）院議員を動かして連邦法の上程を画策するようになった。本章の冒頭で説明したように、こうした州の動きを封じ込める目的で、トルーマン大統領は連邦政府が大陸棚海底と地下及び漁業水域を管理するとの宣言と行政命令を達した。

石油時代の到来により、ヨーロッパ諸国やロシアを中心に石油争奪戦が繰り広げられるなか、自国で豊富な油田を保有するアメリカでは、石油資源の開発と利用の権利を州政府と連邦政府が、国内で争うという独特な構図が生まれてしまった。トルーマンは、州政府の油田開発を抑制し、連邦政府がその主導権を握るという明確な意図をもってトルーマン宣言を発表した。これが海洋法の分野で言及されるトルーマン宣言誕生の顚末である。

南米諸国が追従し、世界の流れへと加速

それでは次にトルーマン宣言後の世界に目を向けてみよう。トルーマン宣言は、次第に世界中に知れ渡り、世界中の国々は原油が眠る大陸棚の存在に関心を寄せ、またサケなどの水産資源を確保する必要性に気づきはじめた。アメリカ合衆国と地続きで連なる中南米諸国には特に大きな影響を及ぼし、アメリカに追従して大陸棚及び漁業水域に関する宣言を行う国々がまさにドミノ現象のように生まれた。

一番早い段階で反応したのは、アメリカ情報へのアクセスが良い隣国のメキシコであった。それもそのはずで、メキシコ沖で操業するアメリカ漁船の取り締まりをめぐって、メキシコ政府はアメリカ国務省との間で漁業交渉を行っており、この交渉の過程でトルーマン宣言が発表されることを事前に知らされていたからである。アメリカは同盟国のイギリスやカナダにも事前通告していた。

トルーマン宣言が発表されてから一ヵ月後の一九四五年一〇月二九日、メキシコは大統領宣言のなかで大陸棚の権利を保有する旨を明言し、それから一年後の一九四六年一〇月にはアルゼンチンが、そして一九四七年六月にチリが次々と大陸棚と二〇〇カイリの権利に関す

る宣言をした。同年八月にはペルーが二〇〇カイリの保護と管理を宣言し、エクアドルが追従した。こうしてアメリカ主導の海洋の秩序に関する新しい潮流が、中南米諸国から生み出されていった。

海洋革命としてのトルーマン宣言

トルーマン宣言は、繰り返し述べてきたように、国内政治の局面における政治力学を反映したもので、新しい世界秩序を作るという発想とは無縁なものであった。トルーマン宣言が引き金となって、中南米諸国が相次いで二〇〇カイリの権利を宣言するようになり、世界中の海が無秩序に、さまざまな国々に領有化されてしまうとの懸念が生まれた。

こうした懸念を払拭するために、公海における大陸棚や水産資源の取り扱いに関する国際会議が何度も開かれるようになる。その結果、一九五八年に第一次国連海洋法会議が開催され、大陸棚条約（正式名称「大陸棚に関する条約」一九六四年発効）が採択された。水産資源の確保などについては、後に排他的経済水域（EEZ）の概念へと発展する。

大陸棚条約の精神は、後の国連海洋法条約（正式名称「海洋法に関する国際連合条約」一九八二年採択、一九九四年発効）の下地となり、現在に至っている。大陸棚の海底と、地下及び海中の天然資源に関する国際ルールは、トルーマン宣言に根差したものであり、その意味で伝統的な海洋秩序に革命をもたらしたとされる。

二〇〇カイリ領有化を求めたサンティアゴ宣言

トルーマン宣言に追従した南米三ヵ国のチリ、ペルー、エクアドルは、海上（上部水域）にも支配権を主張し、〈海上・海中・海底・地下〉を領有化する宣言をした。海底の天然資源に加えて、海上から海中における漁業の権利も主張した。

これら三ヵ国は利害が共通することから、チリの首都サンティアゴで一九五二年八月に国際会議を開き、沖合二〇〇カイリに関して「主権および管轄権を有する」点で合意し、これを「サンティアゴ宣言」として採択した。こうした領海二〇〇カイリの潮流はドミノ現象として、一九六〇年代後半に入るとアルゼンチン、ウルグアイ、ブラジルへ波及し、その波は中東やアジア諸国にも押し寄せて行った。もう誰にも止められない発展途上国の熱気とエネルギーが、世界に伝播するようになった。それに対しアメリカの反応は、サンティアゴ宣言に反対し、かつ強く抗議している。

国連で海洋を取り上げる——アメリカの誤算の始まり

領海二〇〇カイリを主張するサンティアゴ宣言を参考に、多くの途上国が二〇〇カイリに関する経済的な権利を主張するようになって、国連では世界の海洋秩序のあるべき姿が模索された。アメリカのトルーマン宣言を震源とする二〇〇カイリの問題は、新しく誕生した国連にとって大きな課題となって降りかかってきた。しかも、これはアメリカにとっての誤算のはじまりであった。

国連は、第一次国連海洋法会議を一九五八年にスイスの都市ジュネーヴで開催し、このジュネーヴ会議に参加した八六ヵ国の利害調整を行いながら、「大陸棚に関する条約」を採択した。各国の利害がむき出しになり、大きな妥協の産物、また新たな価値の創造としての国際ルールが編み出される。

国際的なルールを受け入れて従う国々が多ければ、世界秩序は安定的に機能するのであろうし、守らない国が多く出現すると世界秩序は不安定になる。そして大国が国際ルールを受け入れるか否かが、そのルールの実効性の鍵を握る。ということは、大国が入れ替わり、時代が大きく変化する時は、国際ルールも変化せざるをえない。

「海の憲法」ともいわれる国連海洋法条約が締結されるまでに、国連が主導した海洋法会議は、一九五八年から一九八二年にかけて三次にわたり招集されている。第一次国連海洋法会議は一九五八年、第二次国連海洋法会議が一九六〇年、そして第三次国連海洋法会議は一九七三年〜一九八二年の一〇年間にわたって断続的に開催され、国連海洋法条約が採択された。

国連が主導して海洋法の整備に着手したのが一九五〇年ごろであるから、およそ三〇年の歳月を経て、紆余曲折の末に国連海洋法条約が誕生したことになる。ここに至るまでの大変な労力と時間の積み重ねを思うと、世界中の国々を巻き込んで利害調整することが、いかに困難をともなうかがわかる。

四つの海洋法条約を採択――ジュネーヴ会議

ジュネーヴでの第一次国連海洋法会議では、いわゆるジュネーヴ海洋法四条約が一九五八年四月に採択されており、その一つが「大陸棚に関する条約」であった。

以下では、四つの条約の正式名称を列挙する――①大陸棚に関する条約（ＣＣＳ：Convention on the Continental Shelf）、②領海及び接続水域に関する条約（ＣＴＳ：Convention on the Territorial Sea and the Contiguous Zone）、③公海に関する条約（ＣＨＳ：Convention on the High Seas）、④漁業及び公海の生物資源の保存に関する条約（ＣＦＣＬＲ：Convention on Fishing and Conservation of the Living Resources of the High Seas）。

これらの四つの海洋法条約が統合される形で、一九八二年に国連海洋法条約（正式名称は「海洋法に関する国際連合条約」）が産声をあげた。国連海洋法条約は、このジュネーヴ海洋法四条約を基本的枠組みとして、深海底などの新たな考え方を加えながら発展的に形成されたものだ。

ここで忘れてはならない海洋秩序の概念として、領海、接続水域、無害通航、公海がある。以下では、ジュネーヴ海洋法四条約で取り上げられた、これらの概念を整理してみたい。

もともと領海は三カイリで合意

かつて世界の海洋は領海と公海で二分され、広大な公海が世界中に存在していた。しかし一九世紀から二〇世紀にかけて、主にイギリスやアメリカなどの大国の考えが反映され、接続水域の概念が登場し、さらに海洋資源の探査・開発管理という新たな発想から排他的経済水域（ＥＥＺ）の概念が生まれ、大陸棚などの言葉も次々と生み出されていった。一方、大国主導の海洋秩序の形成に反対して、「深海底」という新たな概念も登場したが、いずれにせよ大国の存在なくして革新的な新しい概念も出現することはなかったはずだ。

一八世紀から一九世紀にかけて、海洋大国へ躍り出たイギリスは、世界中の海を自由に航行したいとの強い願望から、領海はなるべく狭くすべしとの考えで一貫していた。密輸や密航、関税の取り締まりを行うために、領海の幅は必要最低限が望ましいとの考えから、領海三カイリ（約五・六キロメートル）を採用するようになった。

イギリスが提唱した領海三カイリ主義を、やはりアメリカも便宜的に踏襲し、一九世紀にはイギリスとアメリカが主導して、領海三カイリ主義が普及していった。もちろん四カイリを主張するスカンジナビア諸国や、ロシアのように関税や漁業に関して一二カイリを要求する国などもあり、決して一枚岩というわけではないが、一九世紀末までには概ね三カイリで世界のコンセンサスが形成されていった。しかし二〇世紀に入ると、再び海洋ルールの主な論点となった。

アメリカは一七九三年、領海を三カイリに設定したとの外交文書を、トマス・ジェファソン国務長官が駐米イギリス大使とフランス大使に送っており、アメリカの領海三カイリは一七九三年に起源を持つとされる。

その後、アメリカが領海を三カイリから、一二カイリ（約二二キロメートル）に拡大したのは約二〇〇年後の一九八八年で、ロナルド・レーガン共和党政権の時代であった。当時のメディアは、ソ連のスパイ船がアメリカ沿岸に接近するのを阻止するために、領海を一二カイリに拡大したと報道した。

日本は世界中で漁業を自由に行いたいとの観点から、なるべく公海は広い方が良いとし、狭い領海の三カイリを主張した。一九五八年の第一次国連海洋法会議に日本政府代表団のメンバーとして参加した国際法学者・小田滋は、回想録『国際法の現場から』において、遠洋漁業重視の日本は「水産一点張り」だが、アメリカは「軍艦の海峡通航の自由」が重要課題であり、海洋問題に向き合う日米の間には大きな隔たりがあったと述べている。

「領海の幅」を決めなかった領海条約

「領海」一二カイリとは、「領海の幅」が一二カイリという意味である。「幅」とは、海岸の基線から外側、沖合に向けての海域までの距離を意味する。日本、アメリカ、イギリスは伝統的に領海三カイリであったが、その後、アメリカとイギリスは六カイリへと舵を切り、新たな修正案を考えつく。領海六カイリから沖合に向けて、新たに六カイリの漁業権を認める経済水域を設定し、合計で一二カイリを沿岸国の経済権益として認めるものであった。世界の趨勢に流されてのことであった。

世界の趨勢とは、国連で多数の議席を保有する途上国や、ソ連（現ロシア）を中心とするソ連・東欧圏ブロックが、一二カイリ以上の領海を求めて国連の投票行動を支配していたことを示す。極端なケースでは前述のように、チリ、ペルー、エクアドルなど二〇〇カイリの主権を主張する国も登場してしまった。国連において、海洋問題などを審議・議決する会議は多数決方式が採用されており、国連加盟国の数で見ると途上国が圧倒的に有利な立場を占めていた。つまり少数派であるアメリカなどの先進国が弱い立場にあるということだ。

ジュネーヴ海洋法四条約で「領海及び接続水域に関する条約」（通称「領海条約」）という条約名は決めたが、このジュネーヴでの会議では実際、領海を三カイリ（日本が主張）にするのか、六カイリ（アメリカ、イギリス、カナダが主張）か、それとも一二カイリ（途上国が主張）かについての合意形成ができなかった。

一九五八年四月の投票では、米英提案の〈領海六カイリ＋経済水域六カイリ＝一二カイリ案〉が僅差で否決され、ジュネーヴ会議は決裂、もっとも肝心な「領海の幅」で参加国の意見がまとまらず不毛に終わった。各国が領海を保有することで合意したものの、「領海の幅」を決めることができなかったことは、条約としてはきわめて不完全であったといわざるをえない。この「領海の幅」を決めるために、わざわざ第二次国連海洋法会議が再び、ジュネーヴで一九六〇年に開催されることになるのだ。

一九五八年の会議では、領海の決め方（海岸の低潮線《ていちょうせん》を基線とする）などの技術的な条項、さらに後に述べる無害通航権を決めている。参加国が妥協できる範囲で合意形成を行い、「領海の幅」という最重要な課題を棚上げにすることで、とりあえず領海条約を纏《まと》め上げた。海の世界は、慣習法と妥協の集積で成り立っている。

接続水域とは何か

領海に接続する海域を、「接続水域」と呼ぶ。もともとは公海の一部であり、沿岸国が領海での特定の法令違反の防止などを円滑に進めるために設けられた特別な水域である。現在では、排他的経済水域（EEZ）の一部となっており、領海に接続する一二カイリ～二四カイリの幅を接続水域と呼んでいる。ここで関税の徴収、密輸や密航の取り締まりなど犯罪捜査・追跡・逮捕などの警察行動、伝染病などの疫病対策を行うことができる。このような執行管轄権に限ることを前提に、接続水域が設けられた。

領海条約や国連海洋法条約に接続水域の条項が盛り込まれており、現在、国際的なルールとして定着している。しかしながら、沿岸国によっては領海や接続水域を航行する船舶に規制を加え、事前了承を求めることもある。世界中の国々がすべて同じ対応をするわけではない。

そもそも接続水域とは、一九世紀の大国イギリスが領海三カイリ主義を採用しつつ、密輸などの犯罪捜査などの目的で、領海に接続する公海の一部で管轄権を行使したいとの考えで生まれたものだ。イギリス当局の艦船が、たとえ密輸船を三カイリの領海内で発見して追跡しても、密輸船が領海を越えて公海へ逃走してしまう例が多発し、犯罪捜査に支障をきたしていた。こうした現場でのトラブルを解消するために、一八世紀中ごろから一九世紀には接続水域の発想が芽生えていた。

イギリスとしては二つの国益――第一に世界における「航行の自由」という国益、第二に海外からの密輸を阻止するという国益を、同時に達成するために編み出した発想が、接続水域であった。密輸船は往々にして高速のボートが多く、領海三カイリの範囲で追跡・検挙するのが困難であった。この問題を解決するための方策が、領海に接続する公海の一部に特別な水域を設け、イギリス当局の艦船が領海を越えて、密輸船を追跡・検挙できるようにするというものであった。こうして接続水域は誕生した。

密輸船に悩まされていたのはイギリスばかりではない。新大陸に合衆国を誕生させたアメリカではあるが、日常生活はないものだらけで、嗜好品や贅沢品は旧世界のヨーロッパ大陸からの輸入に頼らざるをえなかった。一九世紀を通じて、アメリカでは密輸船が暗躍していた。この状況は二〇世紀になってからも続き、特に禁酒法時代の一九二〇年代から一九三〇

国連海洋法条約での海域区分

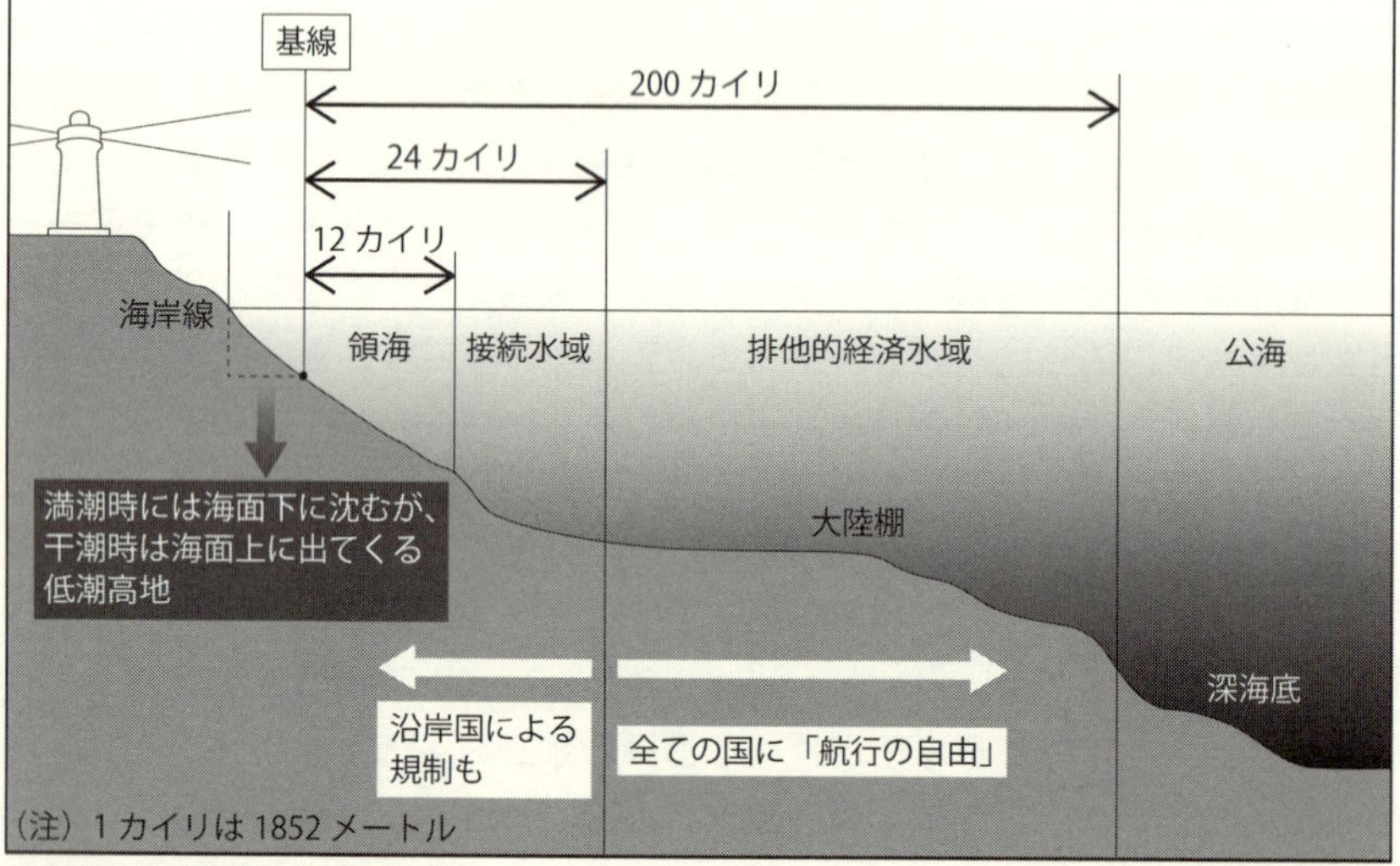

（海上保安庁資料をもとに作成）

年代初頭には、ヨーロッパから大量の酒類が持ち込まれ、大西洋岸の港湾都市では、密輸船への取り締まりが頭痛の種となっていた。

密輸船に悩まされてきたアメリカでは、一八世紀末から密輸船を取り締まるために接続水域という発想が徐々に芽生えたという。アメリカでは「一七九九年の法律で、沿岸一二カイリの水域で外国商品の積み換えを禁止し、その水域で外国船舶の臨検捜索ができること」が認められ、一八四四年には「夜間に貨物の積み換えを禁じた」法律が誕生しているという。さらに「領海に接続する水域の概念を明確化するためにアメリカは一九二二年の関税法を制定した」。これによって「アメリカの海岸から四リーグ（一二カイリ）以内のすべての船舶に乗船し、送り状を調べ、船舶およびそのすべての部分、船内のすべての人、トランクまたは荷物を検査、捜索、調査し、この目的のために船舶を停船させ、この法律を遵守させるために必要なすべての武力を行使する権限を与えた」（以上、水上千之『海洋法』）。

そして一九二四年に英米条約が締結され、アメリカの沿岸で発見されたイギリス密輸船を、アメリカは一時間に限って追跡できることになり、イギリスの密輸船に対して乗船・捜索・拿捕《だほ》の権利が認められた。アメリカとイギリスはともに領海三カイリを採用していたことから、三カイリを越えた公海での追跡が英米両国間で合法となった。距離ではなくて、あくまで一時間という制限時間を設ける発想で、接続水域が二ヵ国間で認められた。

アメリカとイギリスの動きを受けて、オランダのハーグで一九三〇年に開催された国際法典編纂会議でも、接続水域は一二カイリという流れができていたようだ。このようにアメリカは接続水域を一二カイリに設定するという流れを作ったにもかかわらず、一九三五年には新たに密輸防止法を制定して、接続水域の一二カイリの外側から計測して、さらに沖合へ向けて五〇カイリの接続水域を宣言し、密輸船の取り締まりを強化した。イギリスやヨーロッパ諸国から酒類を持ち込む密輸船の出没に、アメリカがどれほど神経を尖らせていたかがわかる。

ジュネーヴで一九五八年に領海条約や大陸棚条約が審議される過程で、接続水域の発想はごく自然に受け入れられ、ドワイト・アイゼンハワー共和党政権下の一九五八年に三カイリを一二カイリに拡大し、一九八二年の国連海洋法条約で領海が一二カイリに決まる際に、接続水域の幅も一二カイリ（領海の限界である一二カイリから沖合に向けて二四カイリまでの一二カイリ）で落ち着いていく。アメリカでもビル・クリントン民主党政権時代の一九九九年に、一二カイリから二四カイリの幅に拡大した。

公海とは何か――「自由」があふれる公海条約

ジュネーヴで一九五八年に採択された海洋法四条約の一つに、前述した「公海条約」がある。この条約の原文を読んでみて驚いたことがある。「自由」という、アメリカを彷彿させる文言が条文にあふれているのだ。

第一条で「公海」の定義をした後に、第二条では「公海はすべての国々に開かれている」との書き出しで、「公海の自由」として四つの自由を明記している――①航行の自由、②漁業の自由、③海底ケーブルとパイプラインを敷設する自由、④公海上空を飛行する自由。

この公海条約が採択された一九五八年は「冷戦」と呼ばれる時代であり、アメリカはソ連（現ロシア）と世界規模で神経戦やイデオロギー戦争を展開していた。世界中で最も豊かであり、超大国として形容されるようなアメリカの思想が反映されたのが、公海条約ではないだろうか。

この公海条約で定義されている「公海」と、一九八二年の国連海洋法条約で規定されている「公海」との間に大きな差がある。前者の公海条約では、「いずれの国の領海又は内水にも含まれない海洋のすべての部分をいう」（第一条）と定義しており、単純に言えば領海を除く、広い水域を「公海」とした。

しかし国連海洋法条約では、領海と内水（領海を測定する基線より陸地側にある水域、河口、港湾、内海など）に加えて、排他的経済水域（EEZ）も対象に据え、単純に領海とEEZを除く水域を「公海」としたため、世界の「公海」はあっという間に狭くなった。より正確に言うと、同海洋法条約には「群島国の群島水域」という用語もあり、これも公海に含まれないとした。こうして「公海」は、どんどん狭小化している。

公海条約を採択した時は、「領海の幅」をめぐって先進国と途上国の間で揉めており、前述したように「領海の幅」を決めることなく、「領海」と「内水」を除く海洋を「公海」と決めている。領海という概念が存在することを受け入れたにすぎない。各国が主張する領海は、日米英の三カイリ、途上国の一二カイリなど、まちまちであった。

後に国連海洋法条約で領海の「幅」を一二カイリに定めたが、「領海」という概念で合意した公海条約が採択されてから、数えること二四年であった。合意形成が可能な分野から、徐々に秩序を形成してきた海洋法の歴史を垣間見ることができる。世界的な規模で長期の複雑な交渉や利害調整、そして最終的には各国の妥協の末に、現在の海洋秩序が誕生してきたと考えてよい。

領海の無害通航

たとえば日本の「領海」を、アメリカや中国のような第三国の軍艦を含む船舶が自由に通航できることが「無害通航」であり、その権利を「無害通航権」と呼んでいる。領海条約や国連海洋法条約(第一七条〜第二一条)には、「無害通航権」が盛り込まれている。海は自由であり、艦船が自由に航行できることを象徴する用語として知られる。

この無害通航の概念を声高に主張してきたのが、アメリカやイギリスであった。それは海が誰にとっても〝自由〟という考えで生まれたものではなく、やはりイギリスやアメリカの軍艦を含む船舶が世界の海を〝自由〟に航行し、軍事行動や通商貿易を〝自由〟に行うために、「無害通航」の権利が必要であった。世界各国の領海ができる限り狭い幅を採用すると、公海を最大限に広くすることが可能となり、イギリスやアメリカの艦船が自由に航行できるという考えと重なる。

国連海洋法条約（第一九条）では、「通航は、沿岸国の平和、秩序又は安全を害しない限り、無害とされる」と規定している。では、有害とは、いったい何であろうか。

同条約を読んでみると、次の一二項目を有害としている――①武力による威嚇や武力行使、沿岸国の主権や領土保全に違反する行為、沿岸国の政治的独立に対するもの、②兵器を用いる訓練や演習、③沿岸国の防衛や安全を害するような情報の収集を目的とする行為、④沿岸国の防衛や安全に影響を与えることを目的とする宣伝行為、⑤航空機の発着や積み込み、⑥軍事機器の発着や積み込み、⑦沿岸国の法令（通関、財政、出入国管理、衛生）に違反する物品や通貨、人の積み込みや積み卸し、⑧故意のかつ重大な汚染行為、⑨漁獲活動、⑩調査活動や測量活動の実施、⑪沿岸国の通信系または他の施設への妨害を目的とする行為、⑫通航に直接の関係を有しないその他の活動。

以上のように、沿岸国に有害な対象を明確に記載している。軍艦を含む船舶が沿岸国の領海を通ることを認めるが、通航する以外は何もしないことを条件に、無害通航が認められている。

海中に身を潜めて航行する潜水艦の場合は、「領海においては、海面上を航行し、かつ、その旗を掲げなければならない」（第二〇条）と規定し、すべての潜水艦に浮上の義務を課している。つまり潜水したままの潜水艦は無害通航ではなく、沿岸国に有害となる。

とくにアメリカは第二次世界大戦後に強大な軍事力を盾に「世界の警察官」となり、アメリカ海軍の艦艇が世界中の海で自由に航行できることが何より大切であった。世界の艦船がアメリカの領海を自由に航行することを想定したのではなく、アメリカ海軍の艦艇が世界中の領海を自由に航行することを念頭に置いたものだ。

なお、日本は伝統的に三カイリ派であったが、世界の動向を睨みながら、一九七七年に「領海及び接続水域に関する法律」（領海法）を制定し、領海を一二カイリに決めた。

しかし日本は、領海一二カイリを適用しない例外の海域を設けた。日本列島を囲む五つの海峡を「特定海域」に指定し、三カイリを維持したからである。五つの海峡とは宗谷海峡、津軽海峡、対馬《つしま》海峡東水道、対馬海峡西水道、大隅《おおすみ》海峡である。北海道と青森県を隔てる津軽海峡のほぼ中央部は、日本の領海ではない。

大陸棚条約の誕生――トルーマン宣言の国際化

ジュネーヴで採択された大陸棚条約における「大陸棚」の定義を少し説明しておこう。沿岸国の海岸に接続している海底の土地で、水深が二〇〇メートルまでの海底を大陸棚と規定している。また技術力があって、水深二〇〇メートルを超える海底を開発できるのであれば、沿岸国の大陸棚として認めるというものだ。沿岸国の海岸には、「島」も含まれる。

具体的には、アメリカのような大国で、水深二〇〇メートルを超えるような深い海底で、天然資源の開発ができる技術力があれば、大陸棚として宣言できるということになる。条約には、アメリカのような大国の論理が働いている。

条文を見ると、次のように第一条第一項では、二種類の「海底」を「大陸棚」として指定している。「(a) 海岸に隣接しているが領海の外にある海底区域であって、水深が二〇〇メートルまでであるもの又は水深がこの限度をこえているがその天然資源の開発を可能にする限度までであるものの海底」、および「(b) 島の海岸に隣接している同様の海底区域の海底」と定義されている。

大陸棚の定義は、これに止まらない。さらに続く第二条第一項および第二項で、「主権的な権利」や「排他的」という言葉を登場させ、大陸棚に接続する沿岸国に、実質的な領有化を認めている。こうした文言を採択する過程では、「管理と管轄権」という用語も提案され、最終的には「主権的な権利」に落ち着いたという。

「主権」が領土に対するすべての権利を意味するのに対して、「主権的な権利」は経済領域に対する国家の権利を意味しており、主権とは異なるとの考えもあるが、国際法の専門家には理解できても、門外漢にとってはその差異を理解するのは困難だ。「管理」と「管轄権」という用語は、まさにトルーマン宣言に盛り込まれており、大陸棚条約の草案プロセスそのものが、国際関係を投影している。「主権」とはいわずに、あえて「主権的な権利」とニュアンスのある表現にして、アメリカのような大国の要望を受け入れつつも、他の国々に配慮した文言となっている。トルーマン宣言を国際条約化する作業で、こうした涙ぐましい調整がなされた。

第二条第一項では、「沿岸国は、大陸棚に対し、これを探査し及びその天然資源を開発するための主権的な権利を行使する」と規定している。そして続く第二条第二項では、「一の権利は、沿岸国が大陸棚を探査しておらず又はその天然資源を開発していない場合においても、当該沿岸国の明示的な同意を得ることなしにこれらの活動を行ない又は当該大陸棚に対して権利を主張することができないという意味において、排他的である」と記している。

法律を専門にしていない学生や一般読者にとって、こうした条文一つひとつを理解し、記憶していくことは骨の折れる作業だ。この第二条を素直に解釈すると、アメリカ本土に隣接する大陸棚は、すべてアメリカに属するものであって、第三国が勝手に開発や調査をしてはならない、と解釈できる。

第二次世界大戦後の新しい海洋秩序は、したがってアメリカ主導で形成されていくことになる。

新しい大陸棚の定義――国連海洋法条約

大陸棚条約（一九五八年）が採択されてから約二〇年が経過した一九七〇年代後半になると、大陸棚に関する定義が進化し、複雑化していく。カリブ海の島国ジャマイカにある都市モンテゴ・ベイで、一九八二年四月三〇日に国連海洋法条約が採択され、大陸棚に関する新たな定義が誕生した。

前述のように正式名称は「海洋法に関する国際連合条約（UNCLOS《アンクロス》：United Nations Convention on the Law of the Sea)」で、一九八二年採択、九四年発効。日本は一九九六年に批准・公布した。ジュネーヴ海洋法四条約の集大成である。

国連海洋法条約は「海の憲法」と表現されるように、現在の海洋秩序の大きなフレームワークを作り出した点で画期的な条約であろう。この条約では、領海、接続水域、排他的経済水域、大陸棚、公海、深海底などに関する国際的なルールを示している。

日本外務省は「海洋に関する安定的な法的秩序の確立に資する」と評価し、「世界の主要な海洋国家である我が国にとって、条約は、我が国の海洋権益を確保し、海洋に係る活動を円滑に行うための礎となる」と支持している（外務省資料「海洋の国際法秩序と国連海洋法条約」二〇一八年六月二五日）。

このように日本は国連海洋法条約を受け入れ、この条約下の海洋秩序を守るという立場を堅持している。その日本が強固な同盟関係を築いているアメリカは、残念ながら本条約に加盟していない。もともと大陸棚の領有権を主張したのはアメリカであり、大陸棚条約にはアメリカの意見が取り入れられ、さらに国連海洋法条約でもアメリカの見解が反映されてきたはずだ。大陸棚に関する定義はその好例だが、後述する深海底に関する条文に反対して、アメリカは本条約の締約国となることを断念している。

本条約が採択されたタイミングで、国連の専門機関として一九五八年に設立された「政府間海事協議機関（ＩＭＣＯ）」が、国際海事機関（ＩＭＯ：International Maritime Organization）として一九八二年に改称して再出発した。ＩＭＯ（本部ロンドン）は、船舶の安全や海洋汚染など、海事問題に関する国際協力を促進することを目的としている。

発想の転換——〝深さ〟から〝距離〟への変更

この国連海洋法条約によって、大陸棚に関する見方が大きく修正され、新たな定義が誕生した。今までは〝深さ〟で測っていたものを、今度は沿岸から沖合へと向かう海底の〝距離〟で測定した。

「沿岸国の大陸棚とは、当該沿岸国の領海を越える海面下の区域の海底及びその下であってその領土の自然の延長をたどって大陸縁辺部の外縁に至るまでのもの又は、大陸縁辺部の外縁が領海の幅を測定するための基線から二百海里の距離まで延びていない場合には、当該沿岸国の領海を越える海面下の区域の海底及びその下であって当該基線から二百海里の距離までのものをいう」（国連海洋法条約、第六部「大陸棚」、第七六条「大陸棚の定義」第一項）。

国連海洋法条約で採択された新たな定義では、海岸などの基線から二〇〇カイリの、また同条約が定める条件を満たす場合には、それを越えて最大三五〇カイリまでの海底を大陸棚とした。以前の大陸棚条約では、水深二〇〇メートル（もしくは開発可能な水深まで）を基本としたので、発想の大転換が起きたことになる。

以下では、新たな大陸棚の定義を箇条書きにしてみる――①海岸（基線）から二〇〇カイリまでの海底を大陸棚とする。海底の下も大陸棚とする、②領海一二カイリは、大陸棚に含まない。領海の海底は、領土の一部であるためだ。領海の外から、二〇〇カイリまでが大陸棚の対象だ。③大陸棚縁辺部が二〇〇カイリを越えて延びている場合に、大陸棚限界委員会が認めると、最大三五〇カイリまでを大陸棚にすることができる。

大陸棚の範囲は、大陸縁辺部（コンチネンタル・マージン）と呼ばれる海底から成る。大陸縁辺部は、①大陸棚、②大陸斜面（コンチネンタル・スロープ）、③コンチネンタル・ライズ（大陸斜面基部の緩やかな斜面）の三種類の区域から成る。混乱を招くのは、大陸縁辺部と呼ばれる区域に、大陸棚という言葉が入っていることだ。いままで陸地から大陸棚縁辺部を捉えていたが、そうすると大陸棚の用語が頭になかなか入ってこない。逆に海底から大陸棚を見ると、隆起（ライズ）があって、その上に傾斜面（スロープ）があり、その先に安定した棚があるということだ。深い海底で接触する大陸棚の限界が、大陸棚縁辺部であり、そこから陸地を見上げていくとわかりやすい。

新たな海洋革命とアメリカの反発――深海底の提唱

いまだにアメリカは、国連海洋法条約に調印していない。最大の理由は、「深海底」と呼ばれる深い海底における資源開発のあり方をめぐって、反対の立場を示しているからだ。深海底には、レアメタルやレアアースなど希少資源が眠っている。賦存《ふそん》状況や形状などによって、深海底資源は「マンガン団塊」「コバルトリッチ・クラスト」「海底熱水鉱床」に分類される。この深海底の管理や開発に関する条項が盛り込まれたことで、アメリカは国連海洋法条約を拒否することになった。

国連海洋法条約は「海の憲法」と言われるが、その一方でアメリカの保守勢力は「失われた（LOST）」という四文字の頭文字で、国連海洋法条約を揶揄《やゆ》し、皮肉る。LOSTとは、"Law of the Sea Treaty"の頭文字を並べたもので、そこには資源開発の〝自由〟を奪われたという、アメリカ保守派の強硬な姿勢が見え隠れする。

国連海洋法条約では「深海底及びその資源」を「人類の共同の財産」（第一三六条）と規定しており、特定の国家が領有し、管理や開発することを禁じている。深海底とは、沿岸国の大陸棚の外側にあって、いずれの国の管轄権も及ばない海底、及びその下を示す。国連海洋法条約は「深海底」の条項には、あえて英語で「ザ・エリア」と記した。

深海底に関する条項は、明らかに途上国の利益を反映しすぎており、アメリカの国益を完全に無視しているとの考えから、アメリカは国連海洋法条約そのものにノーを突きつけた。アメリカは独自に開発した技術で、世界中の海底を〝自由〟に開発したいとの発想から、技術力を持つ国こそが開発できる権利があるとの考えが強い。こうしたアメリカの考えに真っ向から挑戦したのが、資本力と技術力のない途上国であった。

マルタ政府代表パルドは一九六七年一一月に国連総会で演説を行い、深海底を人類の共同遺産として指定するように提唱した。こうした提唱の背景には、アメリカを筆頭とする先進工業国が資本力と技術力を駆使して、世界中の海底を開発することで、実質的に深海底を分割・領有化し、最終的には軍事利用する可能性があるとの考えに基づく。途上国主導の新たな海洋革命のはじまりであった。

パルド演説は多くの途上国から称賛され、一九七〇年には国連総会決議として深海底の制度化が盛り込まれた。また国際的な機構が設立されるまでは、深海底での資源開発を差し控えるべきとの要請も書き加えられた。資本力と技術力のない途上国の立場から考えると、国連という場を利用して世界中からの資本と技術を動員し、人類のために（つまり途上国のために）深海底を活用するという考えにつながる。日本政府代表として国連会議に参加していた小田滋の回想録（前述）によると、もともと小田の持論が同演説に反映されたという。

資源ナショナリズムと新国際経済秩序――国連海洋法条約の成立へ

パルド提案は一九七〇年代に入ると、新国際経済秩序（ＮＩＥＯ《ニエオ》：New International Economic Order）をめぐる世界的な潮流に乗り、途上国による資源ナショナリズムの主張と重なったため、国連海洋法条約の手直しの作業に大きな影響を与えることになった。オイル・ショック（石油危機）と資源ナショナリズムの渦中で、パルド提案は途上国の利益を反映するシンボルとして特別な意味を帯びることになり、国連海洋法条約に組み込まれることになった。先進国による資源開発の独占に反発する途上国が、資源ナショナリズムを鼓舞した時代を反映している。

国連では一九七四年に、資源問題を討議するために第六回特別総会「国連資源特別総会」が開催され、コンセンサス方式によって、「新国際経済秩序樹立に関する宣言」（決議三二〇一号）と行動計画（決議三二〇二号）が採択された。通常の国連総会では決議案は投票による採決が行われるが、細部で不一致が発生すると決議案を可決することができなくなる。総論で賛成しつつも、各論や細部で反対して不成立という事態を避けるため、決議案の趣旨に大方で賛成するのであれば、議長がコンセンサス方式を提案して、決議案を可決させる方式が編み出された。国連資源特別総会では、このコンセンサス方式が導入された。

この画期的な資源特別総会の開催を提案したのは当時、非同盟諸国会議とアラブ石油輸出国機構（ＯＡＰＥＣ）の議長国であったアルジェリアである。国連加盟国の過半数の支持を取りつけることに成功し、経済問題をテーマとする初の特別総会（特別総会としては六回目、しかし経済問題を扱う初の特別総会）の開催に漕ぎつけた。

オイル・ショックの発生

こうした背景には、前年の一九七三年一〇月六日に起きた第四次中東戦争による、世界経済の大混乱がある。シナイ半島の支配権などをめぐり、エジプトとシリアの二ヵ国が敵国イスラエルに奇襲攻撃を仕掛けて、この戦争は発生した。イスラエルの不敗神話が崩壊して、初戦ではエジプトとシリア連合軍が有利な戦いを進めたが、後半でイスラエル軍に巻き返され、一〇月二三日に停戦となった。

アラブの産油国はエジプトとシリアを支持するために石油戦略を開始し、OAPECはイスラエルを支持する国々に対して石油の禁輸措置を発表した。またOPEC（石油輸出国機構）は原油価格を約四倍に引き上げた。これがオイル・ショック（石油危機）を引き起こし、瞬く間に世界経済を未曽有の混乱に陥れた。アラブ産油国は初めて、先進国に対して資源エネルギーの輸出が武器になることを認識したのだ。

基幹産業のほとんどを石油に依存している日本や欧米諸国では、原油の輸入削減と価格の高騰が予見されたことから、ほぼすべての商品の価格が急上昇し、スーパーマーケットの商品棚からは多くの商品が姿を消した。こうした世界経済の混乱で、もっとも甚大な影響を受けたのは原油を産出しない途上国であった。

世界経済が混迷するなかで、先進国主導型の国際経済構造に対する修正を求める声が途上国で湧き上がった。途上国が求めた変革とは、先進国と途上国との経済関係のあり方を修正して、途上国が領土内の天然資源に対して主権を保持することを確認すると共に、先進国企業が主導する途上国からの商品に対する価格の見直し、原油などの生産国カルテルの合法化、途上国への先進国の市場の開放、欧米の多国籍企業に対する規制の強化、さらに先進国による途上国への特恵制度の強化などが含まれる。

深海底をめぐるパルド提案は、まさに新国際経済秩序を樹立すべきだと主張する途上国の強い要望にそうものであり、国連総会の議決を左右する票数を確保する途上国にとって格好の切り札となった。深海底に関する国連決議はその後、国連海洋法条約に反映されることになったが、その代償も大きかった。前述のように、世界の超大国として君臨していたアメリカやイギリスが、深海底に関する条項を盛り込んだ国連海洋法条約に真っ向から反対し、同条約を拒否したからである。

こうして大国アメリカやイギリスの同意を得られないまま、資源ナショナリズムの高揚感が続くなかで、一九八二年に国連海洋法条約が成立し、新たな海洋秩序が誕生してしまった。多数決原理で途上国が影響力を持つ国連の場では、アメリカが思うようにできない局面がしばしば生まれたが、国連海洋法条約もその一例である。

アメリカの海洋宣言――二〇〇カイリ排他的経済水域（EEZ）

アメリカは国連海洋法条約へ参加しないことを決めた際に、独自の海洋政策を一九八三年三月一〇日に発表している。ロナルド・レーガン大統領（在任一九八一～八九年）が発表したもので、一つの宣言と一つの声明より成る。同じ日に、大統領宣言と声明を同時に発表している。共和党のレーガンは、もともとハリウッドの映画俳優からカリフォルニア州知事へ転身し、大統領選挙を勝ち抜いて第四〇代大統領になった人物である。

レーガン大統領は、「大統領宣言五〇三〇号――アメリカ合衆国の排他的経済水域」を発表し、アメリカ沿岸から沖合に向けて二〇〇カイリの水域で、「領海に接続する水域」を、排他的経済水域（EEZ）にすると宣言した。宣言の冒頭で、レーガンは既存の「国際法」を尊重しつつ、「海洋の賢明な開発と利用」を求め、「国際法」が排他的経済水域（EEZ）を認めていると指摘した。この「国際法」では、沿岸国が「天然資源に関する主権的権利と管轄権を行使できる」ことを認めており、この「国際法」で認められた権利を踏まえた上で、レーガンは二〇〇カイリEEZを宣言した。

ここで言及されている「国際法」とは、明らかに国連海洋法条約のことなのだが、不思議なことに国連海洋法条約という条約名は持ち出さず、抽象的な国際法という文言にしている。それほどまでに、深海底の条項を盛り込んだ国連海洋法条約に対して、激しい反発があった。

レーガンは宣言のなかで、二〇〇カイリEEZによって「海洋資源の開発を促進し、海洋環境の保護を推進する」ことが目的であると明らかにし、沖合二〇〇カイリまでの水域で「主権的権利と管轄権」を主張した。地理的には合衆国本土、およびプエルトリコ、北マリアナ諸島などに適用され、いずれも沿岸の基線から沖合に二〇〇カイリとした。

「主権的権利」という文言は、アメリカやイギリスが影響力を行使した大陸棚条約（一九五八年）にも盛り込まれたものであり、新たな領土や領海を獲得すると「主権」が発生するが、これを「主権的権利」と表現することで曖昧にしている。新たな水域での沿岸国の経済権益を、主権的権利と表現した。

また「管轄権」という言葉は、前述したように一九四五年のトルーマン宣言で使われた政治的な用語で、前述したように連邦議会対策のためであった。新たな領土や領海を宣言するために、アメリカでは連邦議会で法律を可決する必要があり、この議会プロセスを迂回するために編み出された言葉が、「管轄権」であった。かつてトルーマン大統領が採用した政治手法を、およそ四〇年の時を経てレーガン大統領は再び採用したといえる。

こうしてアメリカの新たな経済権益として、二〇〇カイリの排他的経済水域（EEZ）が「宣言」（Proclamation）されたが、レーガン大統領は同時にアメリカの基本的な海洋政策を説明し、これを「声明」（Statement）として発表した。

レーガン米大統領の海洋政策

アメリカは国連海洋法条約への調印を断念した際、排他的経済水域（EEZ）を発表したレーガン宣言と同時に、基本的な海洋政策（オーシャン・ポリシー）に関する大統領声明を発表している。レーガン大統領は一九八三年三月一〇日、「合衆国の海洋政策に関する声明」を公表し、これが現在でもアメリカの海洋政策の基本的な枠組みとなっている。

以下では、海洋政策に関する大統領声明のポイントを列挙してみたい――①合衆国は海洋に関する「慣習法」を整備する上で、指導的な役割を演じてきた、②「法秩序を整備する」ことを支持する、③合衆国は一九八二年七月、国連海洋法条約に調印しないと発表した。同条約に盛り込まれた深海底の鉱物資源開発に関する条項が、「工業国家の利益と原則に反する」と判断したからである、④合衆国は海洋の伝統的な活用、つまり航行と上空通過の自由を求める、⑤合衆国は「沿岸から二〇〇カイリ」に「排他的経済水域」を設定し、天然資源に対して「主権的権利」を行使する、⑥いかなる国でも、排他的経済水域を公海の一部として活用できるが、天然資源に関してはその限りではない（つまり航行と上空通過の自由は認めるが、海洋の開発は認めないことを意味する＝筆者）、⑦排他的経済水域における海洋環境の保護に関して、国連の専門機関である国

レーガン（読売新聞社）

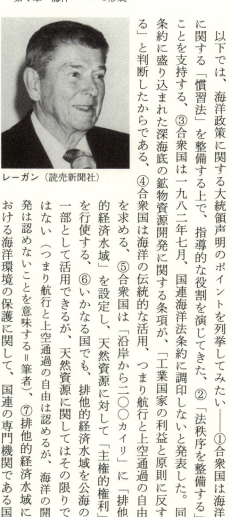

際海事機関（ＩＭＯ）と協力する用意がある、⑧「国家の管轄権」を超える深海底の鉱物資源の開発に関して、合衆国は「不必要な政治的・経済的な制限を排除する」ため、「レジーム（制度）」を整備して、引き続き関係諸国と協力する用意がある（つまり国連海洋法条約に盛り込まれた国際海底機構は認めないが、深海底に関する協議には応じる＝筆者）。

アメリカの海洋政策は、誤解を恐れずに表現すれば、深海底の条項を除いて国連海洋法条約の海域に関する枠組みを受け入れ、海洋に関する国際的な慣習法の伝統を尊重するというものである。大まかではあるが、海洋政策のポイントを以下にまとめてみた——①領海一二カイリ、②接続水域二四カイリ、③排他的経済水域（ＥＥＺ）二〇〇カイリ、④大陸棚二〇〇カイリ、⑤大陸棚の延伸は、アメリカ独自の調査で決定（しかし国連海洋法条約の大陸棚限界委員会の役割を尊重）、⑤深海底の開発は自由に行う。

レーガン大統領は海洋政策に関する「声明」を発表することで、アメリカが国際社会と対峙するのではなく、国連海洋法条約の精神と枠組みを十分理解していると示しながら、深海底の開発に関する国際海底機構のような組織は認めないと明示したのである。

レーガン以後の大統領を振り返っても、共和党のジョージ・Ｈ・Ｗ・ブッシュ大統領、民主党のビル・クリントン大統領、共和党のジョージ・Ｗ・ブッシュ大統領、民主党のバラク・オバマ大統領、そして共和党のドナルド・トランプ大統領まで、アメリカの海洋政策はレーガンの「宣言」と「声明」を受け継いできた。

もちろん、歴代政権が諸手を挙げてレーガンの海洋政策を支持してきたのではなく、オバマ大統領は連邦議会の上院に対して国連海洋法条約に調印するように要請を行ったことがある。しかし、共和党系保守派の議員の抵抗により、いまだに国連海洋法条約への加盟は宙に浮いたままである。

米英に参加してもらうための工夫――国連海洋法条約の修正

アメリカやイギリスなどの海洋パワーが深海底に関する条項に拒否反応を示したことを受けて、同海洋法条約の見直し作業が行われ、一九九四年七月に国連総会では「一九八二年一二月一〇日の海洋法に関する国際連合条約第一一部の規定の実施に関する協定」(A/RES/48/263)が採択された。これを「実施協定」と呼ぶ。条約そのものを修正することはできないので、「実施協定」を採択することによって、実質的に条約を修正した。

アメリカの立場からすると深海底の条項は「海洋の自由」を侵害するものであり、社会主義的な発想から「人類」が深海底を共有すると見える点で、到底受け入れることができないというものであった。こうしたアメリカの疑念を解消することもあって、国連総会は「実施協定」を採択したのである。

この協定では、〝あまねくすべての国による参加〟を求める「普遍的な参加」という言葉が登場し、アメリカやイギリスへの参加を促す文言が目を引く。「ザ・エリア(深海底)の資源」の開発のために「レジーム」を設立すると提案して、加盟国の協力を前提に資源開発を進めることを述べ、専門機関による独占的なマネージメントの可能性を否定した。「レジーム」という用語は、レーガン大統領の海洋政策に登場しており、アメリカを念頭にこの言葉が挿入されたと読める。この「実施協定」は、アメリカやイギリスなど海洋パワーの加盟を意識して作成されたことがうかがえる。また、専門機関の権限を縮小して組織の効率化を図り、深海底の開発に「市場経済原則」を導入する点も盛り込まれた。

こうして国連は深海底を管理するための専門機関として「国際海底機構」を一九九四年一一月に設立し、事務局をジャマイカの首都キングストンに置いた。国連海洋法条約では、事務局の所在国としてジャマイカを明記している（第一五六条）。同機構の目的は、深海底の鉱物資源を管理することで、深海底における活動を組織・管理することとされた。

一連の動きによって、先進国の疑念はかなり払拭され、ようやくイギリスは一九九七年七月に加盟への申請書を提出し、翌八月から正式な締約国となった。しかしアメリカは、依然として門を固く閉ざしたままである。

「国際海底機構」は国連に設立された新たな官僚機構であり、スタッフが資源開発を立案・実施し、資源開発にともなう資金の徴収を行うという仕組みで構想されたため、「実施協定」によって改善されたとはいえ、アメリカの保守派にとっては受け入れ難いものであった。多国間の協定ではなく、あくまでアメリカ中心で二国間協定を結ぶべきだとの声も聞かれた。

アメリカは国際海底機構の設立メンバーでもなく、拠出金も出していない。

この国際海底機構に対する有力な拠出国は日本である。国際機関の重要性を認識し、「法の支配」を世界的に確立させたいとの考えが底流にあることは間違いない。法治国家日本が国益のぶつかる国際社会を生き抜く処世術として、外交の果たす役割は大きい。

アメリカが支えている海洋秩序

アメリカやイギリスなどの海洋パワー抜きで、国連が海洋秩序を作り上げても実効性が乏しいため、前述の「実施協定」という抜け道を用意して、アメリカの懸念を払拭することも試みられた。このように、国連海洋法条約に加盟する条件は整備されたにもかかわらず、アメリカの加盟はいまだに実現していない。

国連海洋法条約に加盟していないという事実は重く、アメリカが中国の海洋進出に対して「法の支配」を唱えても、アメリカ自身が国連海洋法条約による「法の支配」を受け入れていないため、中国から逆に批判される立場に追い込まれてしまった。ただ、アメリカの立場や論理では、国連海洋法条約を慣習法として受け止めており、実質的に国連海洋法条約を受け入れていることになっている。

「法の支配」としての国連海洋法条約を実効性のある海洋秩序として機能させてきたのは、なんといってもアメリカや西側同盟国の軍事力によって担保されているからである。アメリカの軍事力が世界中に展開されていることで、国連海洋法条約も尊重されてきたという現実を忘れてはならない。

「法の支配」を有効にしてきたのは、条約を受け入れた加盟国の意志だけではなく、アメリカと西側同盟国の軍事力が大きく作用していたことを忘れてはならない。

「世界の警察官」――その原点はトルーマン時代

第二次世界大戦が終わってみると、アメリカに挑戦できる海軍国は一つも存在しなくなっていた。もちろん海軍ばかりでなく陸軍、空軍、海兵隊の分野でも、アメリカは圧倒的な軍事大国の地位に就いた。世界の三つのオーシャン（大西洋、太平洋、インド洋）の制海権を確保することこそが、アメリカの平和、そして世界平和につながるという価値観を生み出していった。

アメリカに挑戦できる海軍国が存在しないことから、大規模な空母機動部隊を運用することに疑問も呈されるようになったが、朝鮮戦争の勃発（一九五〇年）によって空母の価値が再評価されるようになる。仁川上陸作戦など、局地戦争において空母はきわめて効果的な手段であることが理解され、アメリカは大型空母の新造へと踏み切る。と同時に海兵隊の重要性も再認識された。第二次世界大戦後の世界では核兵器や戦略爆撃機が重要とされ、海軍でも弾道ミサイル搭載の原子力潜水艦や、原子力空母が相次いで建造されるようになる。

大戦後の荒廃したヨーロッパ大陸やアジア大陸を前に、アメリカにとって「世界の警察官」は新たな使命になった。ここで再びトルーマン大統領時代を振り返って、その原点を確認したい。

トルーマン大統領は一九四七年三月一二日、アメリカ連邦議会の演説で、ソ連を中心とする共産主義勢力との対決を鮮明に打ち出した。自由民主主義の盟主としてアメリカを位置づけ、共産主義を世界に蔓延させようとしている明白な敵としてソ連を捉えた。演説では、ソ連を全体主義国家として厳しく批判している。

アメリカ人にとっての憧れの対象であったヨーロッパが、あまりにも無残に破壊され、その面影さえなくなってしまった深い失望感と落胆が交錯したのだろう。その結果、アメリカは世界の覇権国家として自らの使命を認識し、新たな自画像を描くことで、かつてイギリスが演じてきた覇権国家の役割を引き継ぐという明確な意識、断固たる決意を持つに至る。

戦勝国となったソ連が戦略的要衝《ようしょう》のギリシャやトルコに影響力を浸透させ、これらの国々がソ連の支配下に置かれて共産化するのではないかとの危機感が生まれていた。こうした新たな脅威を前に、トルーマン大統領がギリシャとトルコの両国を支援する目的で、連邦議会に対して四億ドルの援助を要請した。これを「トルーマン・ドクトリン」と呼ぶ。

当時の記録映像を見ながら、トルーマン大統領の迷いのない力強い演説に耳を傾けると、「トルーマン・ドクトリン」は、アメリカが孤立主義を捨ててヨーロッパ、さらに世界のために大きな役割を果たすべきだとの信念に基づき起草されたことが伝わってくる。ギリシャの国名を繰り返し、それも強い調子で連呼するなど、ギリシャ支援に力点を置いていることがわかる。

トルーマンは戦後の世界を自由主義圏と全体主義圏に二分し、前者はアメリカが盟主となり、後者はソ連が主導しているという、善悪二元論（善＝アメリカ、悪＝ソ連）の単純明快なスピーチを行った。演説内容を整理してみると、米ソの対決を善と悪、自由と専制、民主主義と全体主義、資本主義と共産主義の対比関係として強調して、戦後の世界が危機に瀕していると訴えたのである。

単純で明快な主張であったことで国民への説得力は高まり、トルーマン・ドクトリンは外交・安全保障政策の新たな方向性となり、全体主義、共産主義との対決を謳う、アメリカの冷戦政策の核となった。こうしてアメリカは、「世界の警察官」への道を歩みはじめる。

アメリカには一九世紀の初頭以来、モンロー・ドクトリン（モンロー主義）と呼ばれる伝統的な孤立政策が脈々と続いていたが、およそ一二〇年間にわたって、アメリカ合衆国が守り抜いてきたモンロー・ドクトリンの外交原則を見事に覆したのがトルーマンであった。自由主義世界を守るために世界中の問題に関与するとの、いわば外交革命を宣言したのだ。

マーシャル・プランと覇権国家アメリカ

イギリスに限らず、ドイツやフランス、そしてヨーロッパ大陸で戦場になった国々は、例外なく飢餓に直面していた。食料がなく、栄養失調が蔓延するなど、ヨーロッパ大陸では何もかもが不足していた。農業や酪農は崩壊しており、工業製品の製造は絶望的であった。こうしたヨーロッパ諸国を経済的に支援するために、マーシャル・プランが用意された。まさに「パクス・アメリカーナ（アメリカによる平和）」の時代が到来した。

マーシャル・プランとは、ジョージ・マーシャル国務長官が一九四七年に提唱したヨーロッパ復興計画のことで、提唱者の名前に由来する。もともと陸軍出身のマーシャルは第二次世界大戦中、陸軍参謀総長として戦争遂行で重責を担い、戦後はトルーマン政権で国務長官（一九四七〜四九年）として抜擢され、その手腕を買われて国防長官（一九五〇〜五一年）にも任命された軍出身の政治家だ。マーシャルは一九四七年六月五日、ハーヴァード大学で約一万五〇〇〇人の聴衆を前に、ヨーロッパ復興計画の必要性を力説し、これが翌年にマーシャル・プランとして結実していく。

アメリカは一九四八年から四年間に、約一二〇億〜一三〇億ドルを支出して、ヨーロッパ復興を軌道に乗せた。ヨーロッパ経済を第二次世界大戦前の水準に戻すことが目的であったが、このマーシャル・プランを受け入れた西ヨーロッパ諸国はこの四年間で急速に復興を成し遂げ、戦前の水準を一五パーセントも超えるほど急速な経済成長を達成した。ヨーロッパ復興に尽力した功績が認められて、マーシャルは一九五三年にノーベル平和賞を受賞している。

世界を指導する新たな覇権国家アメリカは、政治的な枠組みとしてトルーマン・ドクトリンを打ち出し、経済的な枠組みとしてマーシャル・プランを実施した。トルーマン政権時代を振り返ってみても、アメリカが重大な関心を寄せ、また大きな役割を演じなければならない分野はあまりにも多すぎる。年表をめくってみただけでも、重要な出来事であふれている。

一九四五年に第二次世界大戦の終結、国際連合の設立、国際復興開発銀行（IBRD）の設立、国際通貨基金（IMF）の設立、トルーマン宣言の発表、一九四六年に第一次インドシナ戦争の勃発、一九四七年にトルーマン・ドクトリン発表、米州相互援助条約（リオ条約）締結、一九四八年にマーシャル・プランの開始、ブリュッセル条約（西ヨーロッパ同盟条約＝反共政策とドイツ再軍備阻止を目的）の締結、米州機構（OAS）の設立、ソ連によるベルリン封鎖。

続けて一九四九年を見ると北大西洋条約機構（NATO）の設立、ドイツの分裂による西ドイツと東ドイツの誕生、中華人民共和国の誕生、一九五〇年に朝鮮戦争の勃発、そして一九五一年に太平洋安全保障条約（ANZUS）の締結、サンフランシスコ講和会議の開催、日米安全保障条約の調印。

これだけの事象を見ても、世界情勢が目まぐるしく動いていることが容易に理解できる。息つく暇もない世界の変化に、アメリカは対応しなければならなかった。まさに激動する世界においてアメリカは新しい世界秩序の形成に真正面から取り組むことを決意し、そして関与していった。

大国として世界の覇権を握ることは偉大ではあるが、また大きな政治的責任と経済的負担を背負うことにもなる。責任と負担の大きさを考えると、覇権国家としての寿命が永遠であるはずはない。

米ソ冷戦が終了し、ソ連が内部崩壊してロシアが誕生したことで、アメリカに挑戦する国家は消えたかに見えたが、そう単純にはいかなかった。二〇〇一年九月一一日の同時多発テロ事件（九・一一）以来、対テロ戦争という新たな局面を迎え、アルカイダやイスラム過激派組織「イスラム国（IS）」などの非国家組織が敵となった。さらに後述する中国が大国として台頭したことで、アメリカは安全保障政策の再定義を迫られる。

アメリカの軍事力――海洋秩序を支える

トルーマン大統領からトランプ大統領に至る歴代政権を振り返っても、三つのオーシャン（大西洋・太平洋・インド洋）の安全保障を担保してきたのは、アメリカ軍である。実際には、これらの三つのオーシャンに地中海とペルシャ湾が追加される。

ここで現在の「世界の警察官」の規模を概観してみよう。アメリカ国防総省のデータ（二〇一九年三月末）によると、軍全体として軍人は約二一五万人、文民は約七三万人を数える。

合計で約二八八万人となり、国防総省が明言しているように「アメリカで最大の雇用主」である。中国の人民解放軍は約二〇〇万人で、軍人数ではアメリカとほぼ互角だ。しかし総合力で見ると、アメリカが優勢で、米中両国には大きな差があると言われている。

海外に展開するアメリカ軍の増強や縮小、さらに撤退や再編成などは、時々の内外情勢を反映して政権が変わるたびに大きな話題になるが、海洋安全保障に直結する海軍や海兵隊は常に重要な戦域に配置されている。もちろんベトナム戦争やアフガニスタン戦争のような局地戦が発生すると、特定の戦域で軍の規模は大きく変動することはある。

アメリカは現在、世界を六つの戦域に区分し、軍隊を配備している。六つの戦域では海軍、海兵隊、陸軍、空軍を組み合わせた地域軍が編成され、これにコースト・ガード（沿岸警備隊）が特定の戦域で加わる。

以下に六つの戦域を列挙する——①インド太平洋軍（アジア太平洋・インド洋を担当＝USINDOPACOM）、②中央軍（中東・中央アジア地域を担当＝USCENTCOM）、③北方軍（北米地域を担当＝USNORTHCOM）、④南方軍（中南米地域を担当＝USSOUTHCOM）、⑤ヨーロッパ軍（ヨーロッパ地域を担当＝USEUCOM）、⑥アフリカ軍（アフリカ地域を担当＝USAFRICOM）。

これら六つの戦域には、約七〇〇の基地や施設がある。国防総省の「基地構成報告書」二〇一八会計年度版によると、海外の基地・施設は四〇ヵ国以上で、上位三ヵ国としてはドイツの一九四、日本一二一、韓国八三が記載されている。

アメリカ軍が世界中に展開することによって、現在の海洋秩序は維持されていると表現しても過言ではないであろう。その存在が大きいだけに、逆に問題も惹起することになるのは必然なのだが、こと海洋秩序に関して見れば「航行の自由」が何とか保たれてきたのは、「世界の警察官」であるアメリカ軍の存在があってこそである。

そのアメリカが「世界の警察官」を放棄する傾向が顕在化しつつある。アジアに限って見ると、遠くはベトナム戦争での敗北を受けてアメリカ軍がベトナムから一九七三年に撤退して、周辺海域で小さな「力の空白」が発生し、一九七四年に中国が西沙（パセラル）諸島に軍事侵攻した。しかしアメリカ軍はフィリピンでの駐留を続けていたため、南シナ海で大きな「力の空白」が起きることはなかった。

次にアメリカ軍が一九九一〜九二年、フィリピンのクラーク空軍基地とスービック海軍基地を閉鎖して撤退したことで、南シナ海に大きな「力の空白」が生まれ、その隙を突いて中国が南シナ海へ進出し、人工島を建設するようになった。バラク・オバマ大統領は二〇〇九年、核軍縮への取り組みが評価されてノーベル平和賞を受賞したが、アジアで見る限り中国軍の南進を看過し、結果的に南シナ海の緊張を高めてしまった。同大統領はアメリカの世界戦略を見直し、アジア・太平洋重視を打ち出して「リバランス政策」を発表したが、皮肉にも中国の存在感を巨大化させることになった。またトランプ大統領は二〇一九年、ホルムズ海峡の周辺海域で複数の民間商船（日本関係船舶一隻を含む）が被弾した際には、アメリカは

「世界の警察官」ではないと発言し、アメリカ単独で「航行の自由」を守ることはないとも述べている。

続く第5章では、南シナ海で大きな「力の空白」が生まれ、中国が南沙（スプラトリー）諸島など南シナ海の島々が中国固有の領土であると一方的に宣言し、領海法を成立させた事例を取り上げ、現在の海洋秩序や国際ルールに挑戦する中国について検討を加えたい。

第5章　国際ルールに挑戦する中国

国際社会は三〇年以上の歳月をかけて、辛くも海洋の国際ルール「国連海洋法条約」（一九八二年成立、九四年発効）を誕生させたが、これに挑戦的な態度を取ったのが中国である。中国は国際社会の一員となるべく、一九九六年に国連海洋法条約を批准したが、批准する四年前に国内法としての「領海法」（一九九二年二月発効）を制定している。

中国の領海法は国連海洋法条約を尊重しつつも、国連海洋法条約に縛られないことを明文化したものだ。つまり、国連海洋法条約を全面的に受け入れるわけではないという意志のもと、独自の海洋戦略を実行するための予防線を張ったといえる。

本章では、この領海法に焦点を合わせ、中国の海洋政策が生まれた背景とその実態を当時の国際関係に鑑み言及する。領海法には、中国の地政学的な発想が反映されている。

「領海法」とは

正式名称の日本語訳は「中華人民共和国領海及び隣接区域法」や「中華人民共和国領海及

び接続水域法」で、その略称が「領海法」（以下、領海法と表記）である。一九九二年二月二五日に、全国人民代表大会（全人代）常務委員会（日本の国会に相当）第二四回会議で同日に採択し、楊尚昆《ようしょうこん》国家主席が即日公布・施行した。人民日報など中国メディアには翌二六日に、領海法の全文（一七条）が掲載された。

中国の領海法を理解するには政治的な視点が必要だ。中国は現在に至るまで、多くの海洋関連の法律を制定してきたが、そのなかでも領海法はもっとも重要な国内法だ。第一条に「国の安全」と「海洋権益」を初めて明記した、海洋関連の初の法律だからである。そして領海法は、国際ルールとしての国連海洋法条約に優先する。

まず、この領海法の第一条で「中華人民共和国の領海に対する主権及び隣接区域（著者注：接続水域）に対する管制権（著者注：管轄権）を行使し、かつ、国の安全及び海洋権益を守るため、この法律を制定する」と規定している。同法の目的が「国の安全」と「海洋権益」を追求・確保することであると、明確に定めている。

しかも「海洋権益を守る」と規定しながら、何が海洋権益であるかには触れていない。ということは、その時々の中国政府が「国の安全」を定義し、時代の変化と共に「海洋権益」を自在に判断することになる。この規定を持ち出せば、中国政府は自由裁量で海洋問題に関与できる。

この第一条を受けて、続く第二条では領海を構成する「陸地領土」を列挙し、ここで日本の尖閣諸島も中国領であり、南シナ海もほぼ全域が中国領であると規定した。この規定を盾に、中国は周辺諸国の海域へ「中国海警局（海警）」などの公船や人民解放軍を派遣し、当該海域は中国の領海であると主張できる。

日本がたとえば国際条約に加入すると、国内法を整備して両者に矛盾がないように法体系を揃えるが、中国は海洋分野に限ってみると、国際ルールに適合させて国内法を整備してはいないようだ。中国は領海法を制定した後にも、排他的経済水域及び大陸棚法（一九九八年六月）、無人島の保護及び利用管理規定（二〇〇三年七月）、中華人民共和国海島保護法（二〇〇九年一二月）などを制定し、海洋権益を追求できる可能性を拡大している。

以下では、領海法のどこが国際ルールに挑戦しているかをできるだけわかりやすく検討するが、筆者は中国語の一次資料を読解する力がないため、あくまで日本語と英語の文献を拠り所とした。領海法など中国法令の和訳については、中国綜合研究所・編集委員会編『現行中華人民共和国六法』（ぎょうせい）に依拠する。

中国は領海法の以下の三つの点で、国際的な海洋ルールに抗し、また国際ルールを受け入れていない。第一は中国が周辺海域の島々をすべて領有していると一方的に宣言している点、第二に外国の「軍用船舶（＝軍艦など）」に対して「無害通航」を禁止し、中国政府からの事前許可を求めている点、第三は領海と接続水域を一体化して捉えることを可能とし、海洋問題の解決には人民解放軍を動員することを明記した点である。それでは、この三点について、詳しく検討していくことにしよう。

周辺海域の領有化

まず第一点として、中国は周辺の島々をすべて領有していると一方的に宣言し、周辺国が実効支配していても無関係に中国の領有を主張する。例えば日本の尖閣諸島はその好例だ。そして南シナ海では、後述のように中国が希望する領有対象の島々をグループ化し、南シナ海で点在している島々を地図上で結び、「九段線」と呼ばれる非公式な境界線を中国製の地図に印刷して、島々をつなぐ海域のすべてが中国の領海であると主張する。

しかも、中国で出版される地図によって九段線の位置は若干異なっており、国境線に対する意識の希薄さが見られる。日本で出版されている地図は厳密さを追求しているが、中国の地図にはそれがなく、政治的な願望が投影されている。

領海法の第二条では、領海を構成する「陸地領土」を明確に宣言している。しかしその具体的な個別名称はなく、きわめて曖昧な表現となっている。「陸地領土」として、「中華人民共和国の大陸及びその沿海の諸島」と前置きした上で、以下の島々が列挙されている——①台湾及び釣魚島《ちょうぎょとう》を含むその付属諸島（＝尖閣諸島）、②澎湖《ほうこ》列島、③東沙《とうさ》諸島、④西沙《せいさ》諸島、⑤中沙《ちゅうさ》諸島、⑥南沙《なんさ》諸島その他のすべての中華人民共和国に属する島々。

このように領海法では、中国の周辺に存在する島々は、すべて中国が領有していると宣言している。これらの島々をすべて実効支配していないにもかかわらず、領海法という法律を制定したことで、周辺海域を領有する正当性を訴える。加えて日本の尖閣諸島やフィリピンが実効支配する南シナ海のスカボロー礁も、中国領であるとしている。

南沙（スプラトリー）諸島を取り上げてみても具体的な島や岩礁の名称はなく、南沙諸島と呼ばれる海域の島々は、すべて中国が領有していることを法律で明記している。しかし法律が一旦制定されてしまうと、その条文は独り歩きしていく。

制定から一〇年や二〇年が経過した段階で、中国は領海法で南沙諸島をすでに領有しているると主張し、人工島を造成することで岩から島を作り上げ、島々に名称を与え、その帰結として領海を拡大するという手法を採用するようになった。こうして南シナ海のほぼ全域を中国領と規定しているのが現状である。ここに「九段線」という文言を重ね合わせ、中国は歴史的にも南シナ海を領有してきたとする。

領海法の施行から二〇年が経過した二〇一二年六月、中国は西沙、南沙、中沙の三諸島を管轄する新たな行政単位「三沙市」を海南省に設置した。三沙市の庁舎所在地は「西沙諸島永興島北京路一号」にあり、その実態は洋上の都市空間にすぎない。しかも中国発信の東南アジア向けの衛星テレビ放送では、三沙市の天気予報を流すことで、中国が南シナ海を実効支配しているとの心理戦や世論戦を展開した。

イギリスやアメリカが周辺海域や海外で島々を領有化する場合、軍事力による実効支配が前提としてあった。国連海洋法条約も締約国の実効支配を前提に、締約国の領有権を実態として受け入れている。もちろん日本領の竹島のように、日本が歴史的に実効支配していたにもかかわらず、第二次世界大戦後の混乱に乗じて、韓国が竹島を軍事占拠した事例もあるので、現状の実効支配がすべて有効であるわけではない。しかし中国は実効支配していない島々や海域を一方的に領有していると法律に記載し、あたかもすで領有権があるかのようなイメージを作り上げる「新手」を編み出した。

無害通航に制限

第二点として、世界中の国々が基本的に認めている「無害通航」の原則に、中国は領海法で制限を加えている。

無害通航とは、軍艦を含む船舶が第三国の領海を通航する際に「航行の自由」を認める国際的なルールである（第4章参照）。たとえば政治・軍事・経済活動や調査・情報収集、さらに広報・プロパガンダ活動などをせずに、継続的かつ迅速に航行することである。逆にこうした活動を行うと、有害とみなされる。

中国は領海法で、外国の商船などが領海を「無害通過（＝「無害通航」）」することは認めている（第六条）。しかし、「外国の軍用船舶」が中国の「領海に入る場合」には、「中華人民共和国政府の許可」が必要であると規定している（第六条）。領海法では「外国の非軍用船舶は、法令により中華人民共和国領海を無害通過する権利を有する」としており、「商船」とは表記していないが、多くの場合はコンテナ船、石油タンカー、バラ積み（鉄鉱石や穀物など、梱包されない状態で大量に輸送される貨物）船、自動車運搬船、客船などの民間商船がこれに当たる。

中国は外国の「軍用船舶」が領海に入る際に、中国政府から事前の許可が必要であるとの立場で、「無害通航」を否定している。軍艦は軍事目的のために建造されたものであるから、外国の軍艦が中国領海を通航する際には、中国政府の事前許可が必要であるとする。さらに、他国の船舶を軍艦と識別するのか、それとも民間商船と認識するかの最終判断は中国政府にあることになるので、民間商船であっても、軍艦として扱うという解釈が可能となる。同法の解釈と運用次第によって、外国の民間商船が軍事的な目的を有していると中国政府が独自に判断すれば、民間商船に対して国連海洋法条約が認めている「無害通航」を禁止できることになるのだ。

さらに中国の軍艦が他国の領海を通航することに対しては、国連海洋法条約の「無害通航」の権利を行使している。中国の軍艦は海外において国連海洋法条約の権利を求め、中国の領海に他国の「軍用船舶」が入る際には、中国の国内法である「領海法」を適用する。海洋ルールに対して明らかに使い分けを行っている。同法を素直に読むと、中国政府の裁量権がいかに大きいかがわかる。すべては中国政府がどのように判断するかにかかっている。

もちろん世界の海洋史を振り返れば、紛争地域の領海では無害通航が困難になるし、紛争の当事国が外国船に対して、領海へ入る際に事前通報を行い、事前の許可を得るように求めることはある。しかし中国のように、領海法という法律に「無害通過」の制限を書き記すことは異例だ。このように中国の法律は、中国政府にとって便宜的な解釈ができるように整備されている。

第4章にあるように、無害通航に関して日本を例に取り上げると、日本の領海を、外国の軍艦や民間商船が通航を目的に通りすぎるのであれば、日本は外国の艦船に自由な通航を認めている。政治的・軍事的な目的での通航や、水深や海底の地形を調べる海洋調査は認めていない。例えば外国船が太平洋から東シナ海へ単純に移動するのであれば、日本の領海を通航しても構わないという国際ルールだ。

しかし中国の海警などの公船が尖閣諸島の日本領海に入るのは、政治的な意図を持ったため「無害通航」ではなく、海上保安庁の巡視船が中国公船を二四時間態勢で警戒監視する。また中国の海洋調査船が日本の領海や接続水域を通過する際に、ワイヤーケーブルのような装置を海中に落としていることがあるが、これは海底や大陸棚の調査の可能性が高いと判断される（国連海洋法条約の規定にそって、中国がEEZを対象に、日本側へ事前通報することもある）。潜水艦の進路を調査し、海底資源の調査にも活用できるため、無害通航とはみなされない。

人民解放軍を動員しての追跡権の行使

第三点として、領海や接続水域において「外国船舶」が違反行為を犯した場合には、「軍用船舶」などが対応すると、海洋問題への解決に軍事力を行使すると明記している（第一四条）。つまり、人民解放軍を動員した軍事的な解決を明文化している。しかも領海と接続水域の明確な区別をせずに、中国側の都合で接続水域も実質的に中国の領海として扱うなど、国際ルールを受け入れていない。

接続水域は本来、あくまで領海内での特定の法令違反（密輸や密航の取り締まり、検疫や感染症対策など）の防止、及び処罰などに必要な措置をとるため、領海から公海に向けて一二カイリの幅で特別に設定されているものだ（第4章参照）。中国は領海と接続水域の取り扱いを柔軟にしているようで、条文を素直に読む限り、領海と接続水域を一体的に捉えている。

同様の一方的な対応は、空域でもあった。中国国防部が二〇一三年一一月二三日、東シナ海に「中華人民共和国東海防空識別区」を宣言した。日本では「防空識別圏（ADIZ：Air Defense Identification Zone）」と呼ばれている。尖閣諸島を含む日本の領空と重なっており、中国の防空識別圏に入る航空機に対して、中国からフライトの事前許可を得るように求めたものだが、明らかに国際ルールに違反する。日米両国からの強い抗議を受けて実質的に許可制を引っ込めているが、国際情勢が変化すれば再び持ち出す危険性もある。

ここで再び海洋の問題に戻ることにする。中国の領海と接続水域において、外国船が中国の国内法に違反するような事案が発生すれば、人民解放軍や関係当局が当該の外国船に対して、相手国または第三国の領海を除き、世界中どこへでも追跡して、取り締まることができると規定している（第一四条）。同法では人民解放軍という表記はなく、「中華人民共和国の軍用船舶、軍用航空機器」「政府の公務を執行する船舶及び航空機器」となっているが、実際には人民解放軍が主体となって「追逐権《ついちくけん》（追跡権）」を行使することになる。日本では海上保安庁が「海上法執行」を行使しているのに対して、領海法では人民解放軍を想起させる「軍用船舶、軍用航空機器又は中華人民共和国政府によって権限を授けられた政府の公務を執行する船舶及び航空機器」によって追跡権を行使するとしている。中国は国際ルールとしての海洋法条約を、中国に有利な条文は受け入れ、不利な条文は受け入れないという方針を採用している。

仲裁裁判所は〝法的根拠なし〟と裁定

常設仲裁裁判所（オランダ・ハーグ）は二〇一六年七月一二日、中国が独自に権利を主張する南シナ海の境界線「九段線」には国際法上の根拠はない、との裁定を下した。裁定では、中国が「岩礁」を埋め立てた七つの人工島は「島」ではなく、大陸棚や排他的経済水域（EEZ）の権利を主張できないとし、さらに中国船がフィリピンEEZ内で石油探査を行い、フィリピン漁船に妨害行為を行っていることも認定した。フィリピン側の全面的な勝利で、中国の完敗であった。

中国政府はこの直後に、同裁定を拒否する強硬な姿勢を示し、外交使節を世界中に派遣して裁定の不当性を訴えた。中国は裁定の結論を事前に把握していたといわれており、裁定が公表される前にフィリピン政府へ司法手続きの取り下げを求め、さらに裁定には従わない旨の立場も表明していた。また海南島から西沙（パラセル）諸島で大規模な軍事演習を行うなど、不利な状況を打破する動きも見せた。中国は情報収集に全力を挙げ、外交攻勢を強めていたが、裁定は下った。中国は裁定という国際ルールを、いまだに受け入れていない。

国際問題を法的に処理する機関として、国際司法裁判所（国際紛争が対象）、国際海洋法裁判所（海洋法条約関連の紛争が対象）、常設仲裁裁判所（国家、民間企業、国際機関などの間の紛争が対象。相手国が拒否しても司法判断可能）、国際刑事裁判所（戦争犯罪などを犯した個人を裁く）などがある。南シナ海問題の場合、フィリピンは相手国である中国が司法手続きを拒否していたため、仲裁裁判所へ訴えたという経緯がある。

南シナ海は古来、海上交通の要衝で豊かな水産資源に恵まれ、さらに海底油田の埋蔵も確認されている。このため中国、台湾、フィリピン、ベトナム、マレーシア、ブルネイなどが海洋権益（権利と利益）を主張してきた係争海域として知られるが、中国による南シナ海進出のアプローチには明確な特色がある。

第一に中国は一貫して領有権を主張し、第二に人民解放軍による島嶼《とうしょ》の占拠や人工島の建設などの既成事実を作り、第三として領海法などの国内法を整備して南シナ海の領有化を合法化させ、第四として中国に不利な仲裁裁定などの国際ルールには従わない——こうして南シナ海では、中国独自の海洋秩序を構築している。そして古文書を持ち出し、中国製の地図に「九段線」（もともと中華民国が一九四七年に「一一段線」として採用）と呼ばれる九つの破線（「U字線」「中国の赤い舌」とも言われる）を書き込み、南シナ海のほぼ全域が中国領であると、地図に領有化の既成事実を反映させた。

中国の周恩来首相が一九五一年に南シナ海での主権に言及し、一九五八年に「領海声明」が発表されてから、国連アジア極東経済委員会（ECAFE）が一九六九年に海底油田の埋蔵可能性を公表するまでの間、中国は沈黙を続けた。しかし国連機関が海底油田の可能性を公表して以来、中国は南シナ海へ進出する機会をうかがうようになる。当時の中国はまだまだ貧しく、軍事力も十分ではなかったため、南シナ海の領有化に向けて大規模な軍事展開はできなかった。

領有化で衝突するベトナムやフィリピンの軍事力、さらに国内の混乱状況などをつぶさに観察しながら、小規模な軍隊でベトナムやフィリピンが実効支配していた島嶼を軍事力で占拠していった。ベトナム戦争が終焉を迎え、アメリカ軍が南ベトナムから撤退した後に西沙（パラセル）諸島を制圧したのはその好例である。またアメリカ軍がフィリピンの駐留基地から撤退した後に、中国は南シナ海での軍事的プレゼンスを徐々に高め、南沙（スプラトリ

南シナ海の状況（山本秀也『南シナ海でなにが起きているのか』をもとに作成）

ー）諸島での実効支配を強化していく。長い時間をかけて人工島の建設を行い、港湾施設や滑走路、レーダーサイト（レーダー基地）を整備することで、岩礁を島へと変化させていった。

　中国海軍は三個艦隊（北海艦隊、東海艦隊、南海艦隊）で編成されているが、かつては首都北京の防衛を重視するために北海艦隊を近代化させていた。現在では戦略原子力潜水艦

（海南島に基地）を擁する南海艦隊の増強に力点が移ったといわれるほど、南シナ海の重要性を意識した配備となっている。

前述したように、国連海洋法条約が発効する前に、中国は領海法を制定し（一九九二年）、南シナ海の領有化を明文化している。国際ルールとしての国連海洋法条約が中国にとって不利であれば、これを牽制する国内法を整備して領海法は国連海洋法条約に優先するという立場を打ち出した。国際ルールを取捨選択して、中国に都合のよい項目は受け入れ、都合が悪ければ拒否するという二面性は、普遍的な利益を追い求める国連海洋法条約を形骸化させかねない。

領海法をめぐる内部文書

中国の政策決定プロセスは秘密のベールに包まれており、意見の対立などは公表されずに結果のみが発表される。領海法を扱った論文や書籍は多数見受けられるが、中国関連の文献を渉猟してもなかなか制定過程がわからない。

この不明な点を質してくれたのが、中国政府の内部文書を入手し、内部での権力闘争を当時取材していた共同通信北京特派員の記事や論文であった（例えば西倉一喜「中国領海法制定過程についての再検証――「尖閣諸島」明記をめぐる内部対立」）。以下にその要点を紹介したい。

同論文が指摘したのは、領海法をめぐる国務院（日本の内閣に相当）の外交部と軍事部門との対立である。外交部とは、日本の外務省に相当する政府機関である。

領海法が制定される過程で、第七期全人代常務委員会弁公室秘書局が作成した内部文書「領海法（草案）に関する中央関係部門と地方の意見」（一九九二年二月一八日付、機密扱い）が各常務委員に配付され、委員の一人であった黄順興《こうじゅんこう》から日本の通信社に同文書が手渡された。場所は同委員の官舎自室であったという。

同氏が二〇〇二年三月に死去（七八歳）した際、共同通信は死去を伝える北京発の記事「黄順興氏死去、元中国全人代常務委員」を配信している（四国新聞社シコク・ニュース掲載、二〇〇二年三月六日付）。台湾で一九二三年に生まれ、日本の熊本高等農業学校を卒業し、戦前から日本との関係も深いことを考えると、同氏が一九九二年に領海法草案を日本側へ手渡したことが肯《うなず》ける。

起草を取り巻く内外情勢の変化

領海法の草案は「海洋権益」にかかわる中央と地方の機関に配付され、機関ごとの検討作業を経て、さまざまな意見が領海法草案の検討委員会へ持ち込まれたことが、この内部文書で明らかになっているという。起草のための検討作業は一九八四年ごろから始まり、草案をめぐる最終調整が一九九一年末から翌九二年二月前半の期間に行われたようだ。

一九八二年に成立した国連海洋法条約が発効（一九九四年）する前に、中国がどのような立ち位置で「海洋権益」に向き合うのかを、中国の関係機関は八年をかけて、さまざまな視点から検討したことになる。外交部は対日関係の急速な改善を重視して領海法を受け止めていたが、一方の軍事部門は対日友好を考慮しない立場をとるなど、両者の立場の相違は歴然としていたようだ。

最終局面では、国際関係の劇的な変化と共に中国国内に未曽有の政治混乱があり、共産党中枢がその対応に追われた時期と重なり、まさに権力の掌握をめぐる暗闘が繰り広げられていた。こうした時代背景のもとに領海法は制定された。内外情勢への対応に加えて、国際ルールとして成立する国連海洋法条約に、中国の「海洋権益」が決して縛られてはいけないという国益重視の発想が重なる。

当時の国際関係を振り返ると、中ソ和解と天安門事件（一九八九年六月）、東欧革命と「ベルリンの壁」崩壊（同一一月）、米ソ首脳のマルタ会談（同一二月）、ドイツ統一（一九九〇年一〇月）にともなう米ソ対立の「冷戦」の終結が立て続けにあった。仮想敵国であったソ連が崩壊、北方の陸上国境で対峙していたソ連との和解が実現したことで、中国にとってソ連の脅威がなくなった。

山本秀也氏（産経新聞論説委員）によると、「もともと中国の海軍重視への転換は、鄧小《とうしょう》平《へい》が軍事指導権限を掌握した一九八〇年代初めであった」という。加えて冷戦の崩壊で、中国の国防政策は大きな転換期を迎え、陸軍主体の人民解放軍が海洋権益に目覚め、海軍の充実へとシフトすることになる。まさに国防政策の転換期に、領海法の制定が行われたというわけだ。軍事部門が海洋権益に関与する局面で、大きな発言権を獲得するようになる。

国内に目を転じると、民主化を訴える天安門事件が一九八九年六月四日に起こり、当局の武力鎮圧によって多数の学生や市民が犠牲になり、中国は国際社会で孤立することになる。戒厳令下の北京は閑散としており、海外から北京へ向かう民間航空機の乗客は激減した。天安門事件からほぼ一ヵ月経った時期に、日本から北京行きのフライトに搭乗する機会があったが、機内を見回しても乗客は一〇名程度で、それ以外は航空会社の乗務員が搭乗しているだけであった。

中国政府による学生や市民への武力鎮圧を前に、欧米諸国は相次いで経済制裁を発動した。中国は鄧小平の改革開放政策を断行している最中であり、欧米諸国の経済制裁は鄧小平の経済改革に大きな打撃を与える危険性があった。鄧小平は改革開放政策を後戻りさせないために、経済特区に指定した広東《かんとん》省深圳《しんせん》などを訪れ、改革開放の檄《げき》を飛ばした。これを南巡講話と呼ぶ。深圳市の目抜き通りには、いまでも改革開放を訴える鄧小平の大きな肖像画が、歴史遺産のような意味合いで飾られている。

国際的に逆境に置かれた中国にとって、救いの神は日本であった。日本も欧米諸国と共に経済制裁に加わったが、そのトーンは緩やかなものであったと中国側は理解していた。日中関係を緊密化させることで、中国が国際社会に再び受け入れてもらえる端緒になると、中国は日本を利用することを検討していたようだ。江沢民《こうたくみん》総書記による訪日（一九九二年四月）と、それに続く天皇・皇后の訪中（一九九二年一〇月）を実現することで、中国の国家イメージを大幅に改善できると考えた。銭其琛《せんきしん》外相が回顧録で、欧米による対中経済制裁を突破する手段として、天皇・皇后の訪中を計画したと明かしている。

こうした天皇・皇后の訪中という大きなシナリオを前に、中国の外交部は領海法の草案に、尖閣諸島という文言をあえて入れなかった。もともと三〇年以上も前の一九五八年九月四日に、中国が「領海声明」を発表した際にも、尖閣諸島は明記されていなかった。中国外務省は対日関係を悪化させたくないとの判断から、尖閣諸島を領海法草案にあえて含まなかったという。これに待ったをかけたのが、対日強硬派の軍事部門であった。

強硬な軍事部門

内部文書によると、尖閣諸島（中国名＝釣魚島）を表記すべきだとの立場から、草案を提出した外交部に反対したのは中央軍事委員会法制局、総参謀部弁公庁、海軍司令部、広州軍区、国家測量製図局、そして地方政府（上海の一部、天津の一部、山西、海南）の代表であったという。なかでも軍事委員会法制局は対日強硬派の筆頭で、「釣魚島は古来よりわが国固有の領土であり、その戦略および経済上の地位は非常に重要である」「日本側はこの問題についての中国側との口頭での取り決めを率先して破り、実効支配強化で主導権を握ろうとしている」「立法化を通じて問題を明らかにすることで、この島の帰属問題解決をめぐる今後の日本側との談判の中で、われわれは主導権を握ることができるだろう」（西倉論文で原文翻訳を紹介）との立場を表明し、外交部の草案を修正するように強く求め、これに総参謀部弁公庁と海軍司令部が同調したという。

こうした軍事部門の対日強硬派を前に、中国外交部は草案の修正を受け入れ、「釣魚島」の名称を追加記載したという。天皇・皇后の訪中を念頭に、日中関係を緊張させたくないという外交部の思惑は、軍事部門によって否定されたことが明らかになっている。

軍事部門は対日関係において、かつても強硬な姿勢を示し、日本へ示唆行動をとったことがある。それは日中平和友好条約が締結される際（一九七八年八月）に、武装した漁民を動員して「海上民兵」組織を編成し、日本領海へ中国漁船を差し向けるという事件であった。軍事部門が同友好条約に諸手《もろて》を挙げて賛成しているわけではないという、政治的・軍事的なメッセージだった。

では、日本側は領海法に対してどのような反応を示したのだろうか。中国が尖閣諸島を領有化しているとの記載に対して、日本外務省は小和田恆《ひさし》外務事務次官の名前で抗議している。これ以上の対中抗議はなかったようで、日本のメディアも領海法を大きく取り上げることはなかった。日本としては尖閣諸島を実効支配しており、経済大国は日本であって中国ではなく、また中国の軍事力は陸軍主体で、それも旧式の装備が多く、海軍は沿海での作戦は可能でも、尖閣諸島がある東シナ海を脅かすような存在ではないと、誰もが思っていた時代である。

戦略論、戦術論、プロパガンダ

中国政治、外交、安全保障を扱った文献に目を通すと、広域経済圏構想「一帯一路」に代表される四文字熟語やスローガンがあふれている。新シルクロード経済ベルト（帯）構想と二一世紀海上シルクロード（路）構想を一体化したものが、「一帯一路」に他ならない。もともと具体的な構想はなく、高原明生・東京大学教授は「一帯一路星座説」を唱え、「実際に星は存在するが、星座は観念として存在するだけ。リアルに存在する星は、すなわち一つひとつのプロジェクトであるが、星と星を結び付けて星座と見なすのは観念の産物だ」（『東洋経済』二〇一六年一月二七日号）と指摘しているように、中国は幻想的なイメージの世界を上手に作り出した。

海洋大国、海洋強国、海洋国土、海洋経済、核心的利益、中国の夢、中華民族の偉大なる復興、九段線、第一列島線・第二列島線（後出）、近海防御、遠海防衛、戦略的辺疆《へんきょう》論、三戦（世論戦、心理戦、法律戦。後出）、冊封《さくほう》・朝貢《ちょうこう》体制、改革開放、西部大開発、小康《しょうこう》社会、和平演変《わへいえんぺん》（平和的手段でソ連などの社会主義体制を崩壊させること）、五龍《ごりゅう》（五つの海上法執行機関。後出）——世界中のチャイナ・ウォッチャーを飽きさせない造語の宝庫である。これからも中国共産党や政府は、造語を営々と発信し続けていくのであろう。新しい造語が発表されると、世界中の専門家が百家争鳴の議論を展開し、中国の現状と近未来を分析することになる。中国による造語戦は世論戦・心理戦でもある。

その反応として、例えばアメリカでは、中国による東南アジアからインド洋への進出を「真珠の首飾り戦略」と称し、中国による対米海洋戦略（アメリカ海軍の空母や原子力潜水艦を台湾などへ接近させず、制海権を掌握する戦略）を、「接近阻止・領域拒否（A2／AD＝Anti-Access /Area Denial）」と命名した。

中国の海洋進出を「キャベツ戦略」（南シナ海で違法操業する中国漁船の外周を、海警局や海軍の艦船が重層的に守る）や「サラミ戦略」（南シナ海で岩礁を少しずつ獲得し、相手が気づく時にはすべての岩礁や島を獲得する）と表現する記事も目にする。また中国のA2／AD戦略への軍事的な対応では「エア・シー・バトル」や「オフショア・コントロール」などの構想を打ち出している。

押しも押されもせぬ経済大国に上り詰めた中国が、海洋覇権の野心や野望を抱くことはごく自然であろう。外交や安全保障に関する造語を見ても、海洋覇権を連想させるに十分であるし、人民解放軍海軍と海上法執行機関を増強させている現状は、海洋覇権の掌握を現実化させるプロセスでもある。

航空母艦「遼寧《りょうねい》」を就役させ、これに続く空母を新たに建造して空母機動部隊の編成を目指しているともいわれる。また南シナ海に突き出た海南島の港町「三亜」周辺には、弾道ミサイルを搭載する戦略原子力潜水艦の楡林《ゆりん》海軍基地があり、アメリカは偵察衛星を使って常時監視しているようだ。この基地は丘陵地帯の地下に建設され、原潜は潜航したまま基地へ出入りできるため、陸上や上空から原潜を目視することができず、秘匿性がきわめて高い。

海南島は、日本からの空路直行便がないため、香港、広州（広東省）、上海などを経由することになる。航空機から一歩外に出ると、ムッとするような空気に体が包まれる。「中国のハワイ」と呼ばれ、大型のリゾート・ホテルが三亜の海岸沿いに軒を連ねているが、もう一つの顔は海洋進出の最前線で、原子力潜水艦などの軍事機密が集積する島でもある。人民解放軍海軍の基地、海警局などの海上法執行機関、そして海上民兵へと変身できる漁民の集落が、三亜周辺にある。いざという時には海軍、海警局、海上民兵が束となって、南シナ海への海洋進出ができる態勢が整っている。

中国の海洋進出と三つの危険性

ここで中国が近い将来、海洋の国際ルールに変更をもたらす三つの危険性を指摘したい。第一は「海洋国土」構想であり、第二は海外の港湾管理だ。そして、第三は尖閣諸島が位置する東シナ海への海洋進出である。

中国は近年、「海洋国土」という新たな概念を打ち出している。領海、接続水域、排他的経済水域（EEZ）の三つを統合して「海洋国土」として理解するもので、これらすべての海洋が国土であるとする。陸上では一つの国境線しかないのに、海洋では三つの概念が存在して複雑なのだが、こうした複雑な概念を一掃して「海洋国土」として単純化するものだ。陸軍関係者にとって海洋の国際秩序は複雑で、理解しにくい対象であったが、「海洋国土」で一本化して理解しようとする動きである。中国人の間で「海洋国土」が浸透してしまうと、国連海洋法条約を無視して、中国に都合のよい海洋ルールを構築する危険性がある。

第二に、中国は巨額の借款《しゃっかん》などを通じて海外の港湾を整備する事業を展開している点だ。スリランカのハンバントタ港、ミャンマーのチャウピュー港、パキスタンのグワダル港、オマーンのドゥクム港、ギリシャのピレウス港などである。スリランカは借款の返済ができなかったため、中国がハンバントタ港を実質的に差し押さえ、租借地として中国の管理下に置いている（二〇一七年七月から九九年間の租借）。

このように中国が管理下に置いているハンバントタ港を、中国は新たな国内法を整備して、中国の港湾として扱い、中国が自国の領海として宣言する可能性もある。そうすると領海に隣接する接続水域、排他的経済水域（EEZ）も新たに設定できるようになり、中国にとっての「海洋国土」が海外に拡大する危険性をはらんでいる。また将来、中国は広域経済圏構想「一帯一路」を活用して、海外で取得した港湾の権利を、新たな国内法を整備して、あたかも中国領の一部として扱うようにする恐れも否定できない。

第三は、尖閣諸島の領有化を叫ぶ中国による東シナ海への海洋進出だ。尖閣諸島は国際的にも認められている日本の領土であるにもかかわらず、中国は公船や軍艦を尖閣諸島の海域へ継続的に派遣することによって、中国領であるというイメージを作り上げ、現在の国際ルールを変更しようとしている。

公船による日本の尖閣諸島への領海侵入、接続水域での航行などが日常化しており、中国は新たな既成事実を作る意図が明白だ。公船ばかりでなく、多数の漁船も尖閣周辺海域で操業している。さらに小笠原諸島の海域へ中国漁船が大挙して押しかけるなど、中国による海洋進出は東シナ海以外でも活発化している。

日本による対中抗議

外務省は二〇一九年三月二八日、「中国による東シナ海での一方的資源開発の現状」を発表し、そのなかで「中国は、東シナ海において資源開発を活発化させており、政府として、日中の地理的中間線の中国側で、これまでに計一六基の構造物を確認している」とし、防衛省・海上自衛隊が撮影した海底油田開発のオイル・リグ（石油の掘削装置）の写真を公表している。

さらに「東シナ海の排他的経済水域及び大陸棚は境界が未画定であり、日本は日中中間線を基にした境界画定を行うべきである」との立場から、中国に申し入れているが、中国は日本の要望を聞き入れず、一方的に「開発行為を進めている」。東シナ海は、日本と中国の排他的経済水域が重なる海域であるため、境界線画定が難しい。

日本は一貫して、国際ルールとしての「衡平な解決」や判例を根拠に中間線を主張しているが、中国は不利になるため、大陸棚の自然延長という解釈から沖縄トラフまでの海域を主張する。このなかには尖閣諸島も含まれており、中国はここでも国際ルールを無視している。沖縄トラフは、南西諸島や琉球諸島の西方に広がる海域で長さ約一〇〇〇キロメートル、幅が約一〇〇キロメートルで、中国の潜水艦が潜航する際にも格好の海域となる。なお、トラフとは海溝より浅い海底の窪み。海溝は水深六〇〇〇メートル以上の場合が多く、それ以下をトラフと呼んでいる。

中国とベトナムが向き合うトンキン湾での境界線画定では、中国側に有利な中間線方式を採用しているが、大陸棚の「自然延長論」を採用してしまうと、中国が不利になってしまう。このように中国は国際ルールに従って問題を解決するというよりも、自国の利益を最大限に追求できる方法を常に考えるために、国際ルールを歪めてしまう。

中国は海洋進出での既成事実化に加えて、空域にも進出した。国防部は二〇一三年一一月二三日、前述のとおり尖閣諸島の上空を含む東シナ海に「中華人民共和国東海防空識別区」を宣言した（同日午前一〇時施行）。日本の「防空識別圏（ＡＤＩＺ）」に当たる。

駐日中国大使館は「東中国海の防空識別圏航空機識別規則に関する公告」を発表し、そこには「東海防空識別圏を飛行する航空機は中国外交部あるいは民間航空局に飛行計画を報告しなければならない」という項目が含まれていた。これによって尖閣諸島の上空を飛行する航空機は、中国へ飛行計画を提出することが義務づけられた。さらに中国側からの無線連絡に対して応じる義務があり、「識別質問に迅速かつ正確に答えなければならない」とした。

また「東海防空識別圏を飛行する航空機は東海防空識別圏管理機構あるいは授権部門の指令に従わなければならない。指令に協力しない航空機あるいは指令に従わない航空に対しては、中国軍が防御的な措置をとる」と規定し、人民解放軍が侵入機に対して出動する旨を明記した。

こうした中国の一方的な通告に対して日本政府は厳重に抗議し、現状の変更を許していない。こうして中国は新たな法律戦を展開して、法的には人民解放軍が尖閣上空を管轄しているという領空を作り上げた。

第一列島線と第二列島線

中国は第一列島線と第二列島線という防衛線を掲げて、海洋進出を正当化し、日本の領海や排他的経済水域（EEZ）に抵触することを厭《いと》わない。

この二つの列島線構想は、中国における「現代海軍の父」と称される劉《りゅう》華清《かせい》海軍司令員（司令官）が提唱したと言われる（もともとはダレス米国務長官が提起した「アイランド・チェーン」を、劉が利用したとの説もある)。劉は共産党最高幹部の鄧小平に見い出されて、海軍トップへと上り詰めた。ソ連ウォロシーロフ海軍大学に留学、海軍副総参謀長、党中央委員会委員を経て、中央軍事委員会副主席（一九八九年就任）という要職に就いた。原子力潜水艦の研究・開発計画へ参画し、大陸間弾道ミサイル発射実験や南シナ海への進出にも関与していたとされ、アメリカや欧州の海軍視察を通じて中国海軍の近代化を決意したという（劉華清の経歴と役割については平松茂雄『中国の戦略的海洋進出』を参照)。

沿岸防衛の発想を超えて、遠洋を見据えながら海軍の近代化を急ぎ、アメリカの航空母艦や原子力潜水艦に衝撃を受け、空母の保有や戦略原潜の建造も決意した。オーストラリアやソ連から退役した複数の空母をスクラップ購入して研究し、ウクライナからは未完成の空母「ワリャーグ」を購入後に大改修し、現在では「遼寧」として配備している。

劉華清（アフロ）

第一列島線とは、中国本土から見て「沿岸防御」や「近海防御」を実現するための戦略的防衛ライン（主要防御海域）で、現在では制海権を確保する海域として捉えられている。日本の九州～沖縄・南西諸島～台湾～フィリピン～（南シナ海の九段線）～インドネシアとマレーシア、ブルネイが領有するカリマンタン島（ボルネオ島）を結ぶ防衛ラインが、第

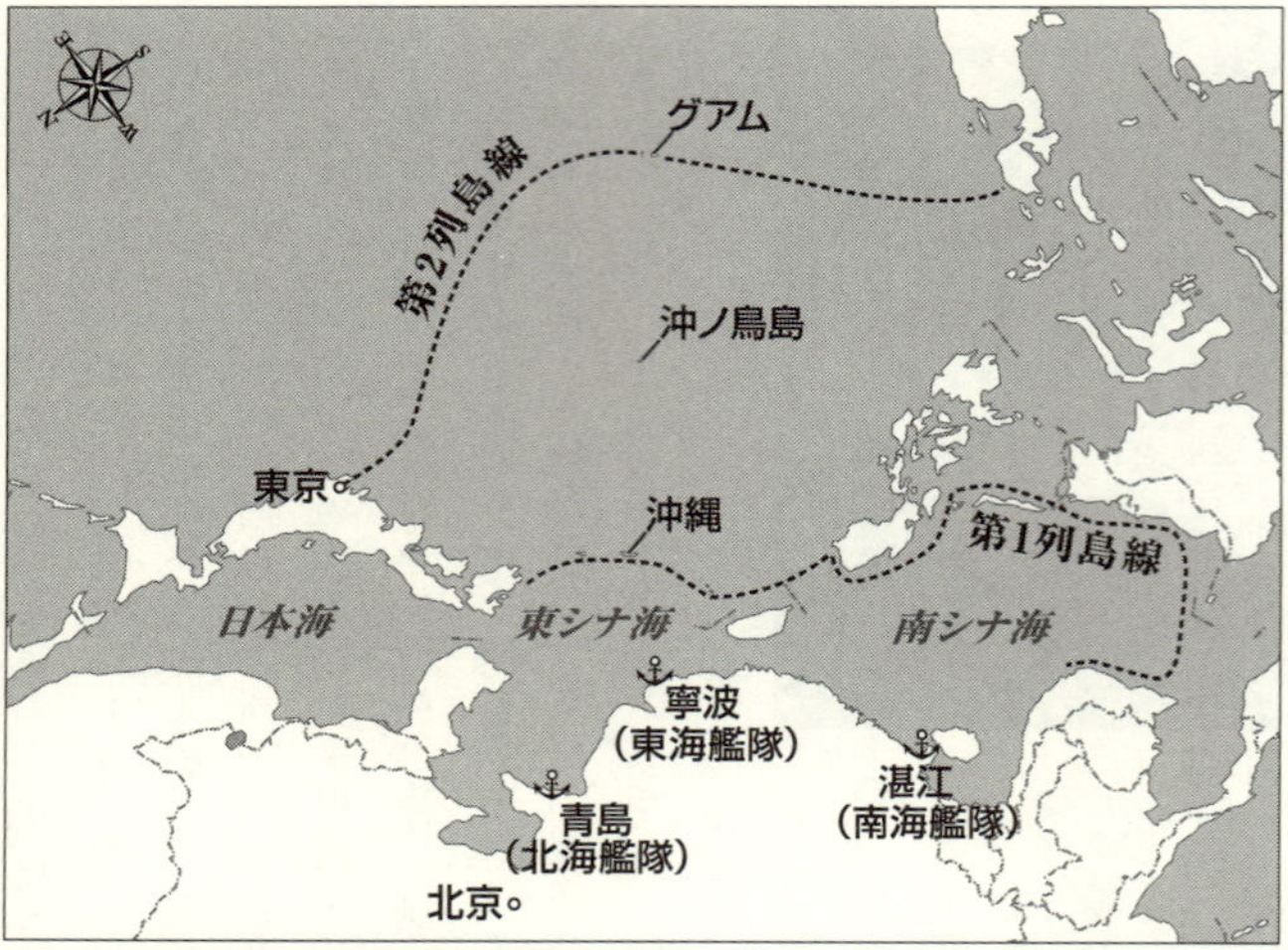

第1列島線と第2列島線（読売新聞政治部『基礎からわかる日本の領土・海洋問題』をもとに作成）

一列島線である。この第一列島線の内側には〝四つの海〟――渤海、黄海、東シナ海、南シナ海が連続して存在し、これを「中国の海」として捉える。本土防衛に加えて、台湾の独立阻止、外国軍隊による台湾支援を阻止する――これらが国防上の課題となる。

　第二列島線は、日本の伊豆諸島～小笠原諸島～グアム～サイパン～パプア・ニューギニアを結ぶ防衛ラインで、第一と第二列島線の真ん中に日本の沖ノ鳥島が位置している。第一列島線と第二列島線に挟まれたゾーンを「前方防御海域」として捉え、台湾支援のためのアメリカ軍増強を阻止する海域として見る。

　中国はアメリカ軍の接近を阻止し、アメリカ軍が自由に作戦行動できることを拒否する戦略を採用している――これが前述した接近阻止・領域拒否（A2／AD）戦略だ。アメリカ国防当局が命名したもので、中国発の用語ではない。

ここで読者に注意を喚起したいのは、中国が第一列島線と第二列島線という防衛ラインを構想することで、中国海軍や空軍がこれらの列島線を意識して軍事作戦や訓練を展開することである。中国の艦船が、しばしば沖縄本島と宮古島の間を通峡している。度重なる中国海軍の軍艦や公船による日本領海の不自然な通過、接続水域での意図的な航行は、国際ルールを軽視する傾向を強め、中国による日本周辺海域の支配に向けた既成事実化に拍車をかける危険性がある。

海上法執行機関の海洋進出

中国にはもともと、「五龍（五匹の龍）」と呼ばれる五つの海上法執行機関が存在したが、二〇一三年にこのうち四機関を一本化して「中国海警局」となった。尖閣諸島の海域で領海侵入しているのは、この「海警局」の公船である。中国は海上法執行機関を活用して、海洋進出のツールとして活用している。

五龍とは、中国公安辺防海警に属していた「海警」、国土資源部国家海洋局の「海監」、農業部漁業局の「漁政」、交通運輸部海事局の「海巡」、そして海関総署の「海関」である。「海警」や「海関」は中型・小型の船艇で大陸沿岸部の近海を担当するのに対して、「漁政」

や「海監」は大型船を保有しており、外洋や排他的経済水域を所管してきた。
伝統的に五つの機関（五龍）のいずれかが、領海警備、排他的経済水域（ＥＥＺ）の保全、密輸取り締まり、海上交通の整理、捜索救難などを行ってきたが、日本の海上保安庁を参考に、組織の一元化を目指したようだ。試行錯誤の末、「海巡」を除いた四つの機関を二〇一三年に統合再編して、「中国海警局」に一本化した。とはいっても、指揮命令系統は完全には一本化されていないとの報道もあり、もともと属していた行政機関の影響が大きいという見方もある。

中国軍事専門家の山本勝也一等海佐（海上自衛隊・元在中国防衛駐在官）によれば、「当初、官庁としての「国家海洋局」と実力組織としての「中国海警局」の二枚看板」があり、しかも同一幹部が二つの組織にまたがり、トップよりナンバーツーの方が格上で、組織は複雑で不透明だ。例えば「国家海洋局局長は中国海警局政治委員であり、中国海警局局長は国家海洋局副局長である」など、「リーダーシップは変則的なクロス構造」だと分析している（山本勝也「防衛駐在官の見た中国〈その一五〉国家海洋局と中国海警局」海上自衛隊幹部学校、戦略研究会コラム五九、二〇一五年二月二五日）。

今まで「海警」は、国務院（政府）と中央軍事委員会の「二重指揮下にあった」が、権力の集中化を目指す習近平《しゅうきんぺい》体制が発足したことで、新たな組織再編が二〇一八年に行われた。今度は中央軍事委員会の指揮下にある人民武装警察部隊に所属することになり、やはり同委員会の指揮下にある人民解放軍との統合的な運用の可能性が生まれた。

中国は二〇一八年の組織改編では、アメリカをお手本にした可能性がある。もともとアメリカの沿岸警備隊（ＵＳＣＧ：United States Coast Guard）は軍の一部として組織されており（U.S. Code Title 14, Sec.103）、平時に法執行機関としての役割を演じつつ、有事には四軍（陸海空三軍と海兵隊）と共に、第五軍として作戦行動の任務に就く。

二〇一八年の改革において人民武装警察部隊に「海上法執行」の権限が明示されたが、武警以外の「武装力量（人民解放軍現役部隊、同予備役部隊、人民武装警察部隊、民兵組織）」の任務に法執行活動は明示されていないようだ。日本とアメリカは海上法執行機関の役割と任務を明確に規定しているが、中国はその時々の政治判断によって法執行機関を活用する可能性があることを理解すべきであろう。

中国は南シナ海への進出に際して、先兵として多数の漁船を派遣し、これら漁船の監理という名目で「漁政」や「海監」を出動させた。尖閣諸島の周辺海域でも、中国漁船が押し寄せる際には「海警」が登場する。こうして中国は海洋進出を既成事実化させ、現在の海洋秩序を揺るがす。

海洋秩序の不安定要因

中国は領海法という国内法を施行することで、理想や空想上の領海を定め、合法化したと解釈できる。中国の領海法は、国連海洋法条約の成立から施行へのプロセスで誕生したものであり、当時の激変する国際関係を色濃く反映したものである。と同時に、外交部と軍事部門の対立という中国の国内政治状況に深く根差したものでもあった。中国の戦い方には、三戦（中国人民解放軍政治工作条例で規定）――世論戦、心理戦、そして法律戦があると言われているが、領海法は法律戦のまさに決定打であった。

領海法では国連海洋法条約に一切触れていないが、国連海洋法条約を意識して制定されたことは間違いなく、また同条約に縛られまいとする強い意向が下地となっている。国連海洋法条約が成立した直後から領海法の制定準備に入り、国連海洋法条約が発効する前に領海法を成立させていることからもそれは明らかであろう。

さまざまな造語を駆使して海洋の国際ルールに挑戦し、海外の港湾整備に深くコミットしながら独自の解釈のもとに「海洋国土」を着々と伸張していく中国。政治大国・経済大国・軍事大国を目指す中国が、海洋の国際的なルールに抗することで海洋秩序の平衡状態に悪影響を与え、国際関係を不安定化させる危険性がある。

第6章　海洋秩序を守る日本

中国が領海法を掲げ、日本固有の尖閣諸島周辺海域へ海警局などの公船を派遣し、領海侵入を行っている事実を、前章で明らかにしてきた。これに対して日本は海上保安庁が巡視船や航空機を配置し、中国の公船と衝突することを避けつつ領海を守っている。領海警備を担当しているのは、海上保安庁の巡視船だけではなく、目に見えない舞台裏で活躍しているのが、防衛省・自衛隊の護衛艦や航空機などであり、さらに内閣衛星情報センターの情報収集衛星である。

日本は多元的に情報収集を行っており、これらの情報を総合して海上保安庁（略称、海保）が最前線で領海警備に当たる。さらに外務省が複雑な外交環境の整備に取り組んでいる現状を考えると、日本は総力を挙げて中国の領海侵入を食い止めていることに気づく。尖閣諸島を接近してくる中国に隙を与えないことこそが、領海警備の要諦だ。

本章では、国連海洋法条約下の海洋秩序を維持するために、法執行機関の重要性を確認し、日本の対応の現状を詳らかにするとともに、海上保安庁の目的・任務を振り返る。また海洋秩序維持に貢献するための指針について言及し、本書の締めくくりとしたい。

外交力、軍事力、警察力――海洋秩序の装置

世界の海洋秩序が現在、「海の憲法」とも表現される国連海洋法条約によって形成されていることは、繰り返し述べてきたとおりである。国連海洋法条約は、世界基準として海洋に関するルールを定めている。

この条約は三〇年以上にわたる複雑な外交交渉によって、各国の利害対立を乗り越えた苦労の末に誕生したものであり、政治的な芸術作品といっても過言ではない。外交力が大きな梃《てこ》となって同条約は生まれたのだが、外交力に加えて、この国際ルールを実質的に機能させてきたのは軍事力（防衛力）であり、警察力であった。こうした外交力、軍事力、警察力（日本政府の用語では「外交、防衛、法執行」）を包摂するのが、政治力であることは言を俟《ま》たない。

警察力とは、本書の範疇においては海上での警察行為であり、具体的には、密輸や密航、海賊行為などの予防及び鎮圧、犯人の捜査及び逮捕、外国船舶の航行秩序を維持する活動などのことである。国内法と国際法に基づき、自国の管轄権の範囲内で法秩序を維持し、法令を駆使して犯罪の予防・鎮圧、さらに犯罪を捜査する。

その権限と能力を備えた法執行機関の代表格が、日本の海上保安庁（JCG：Japan Coast

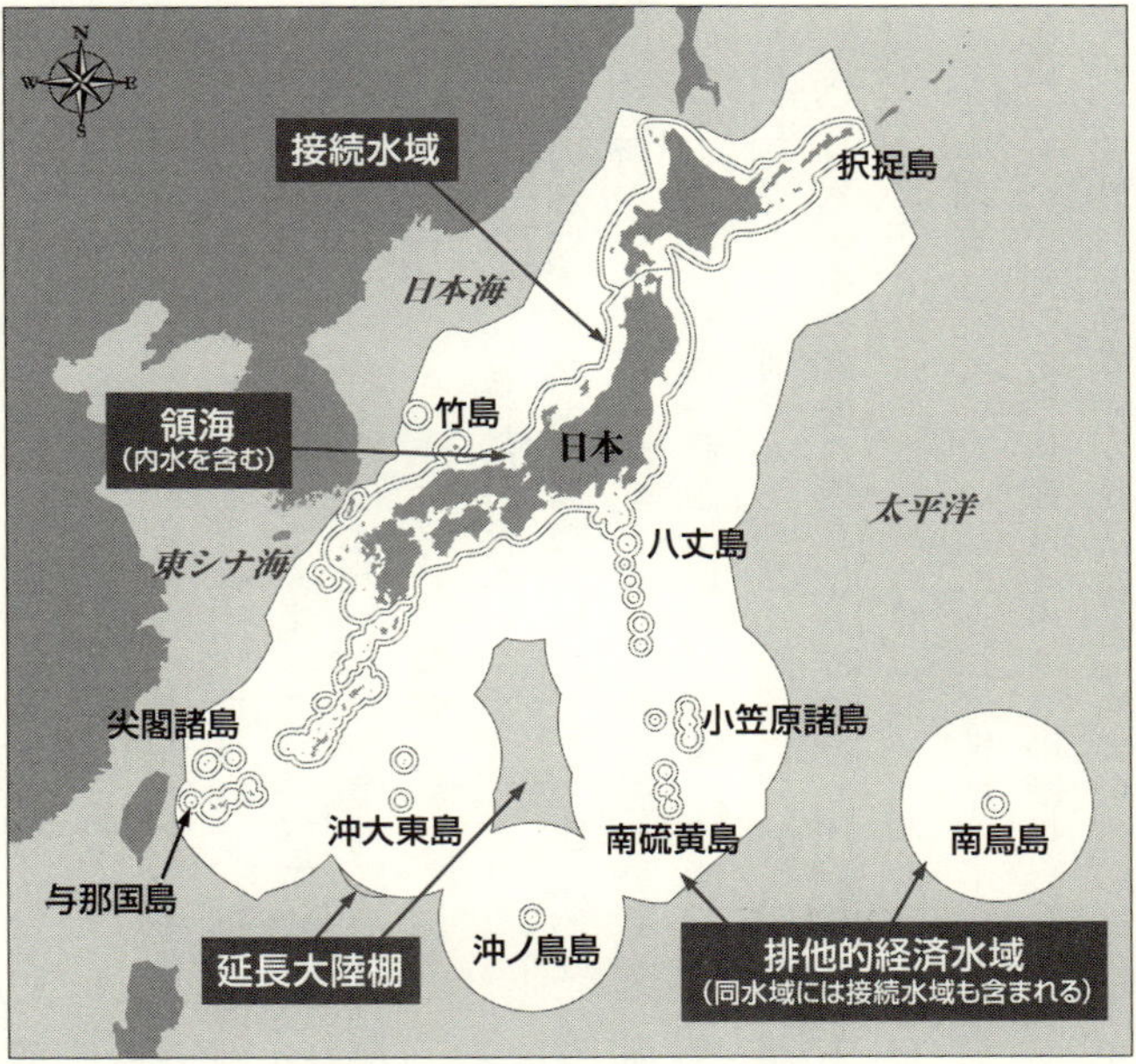

日本の領海などの概念図（海上保安庁ホームページをもとに作成）

Guard）やアメリカ沿岸警備隊であり、世界でも最高レベルの法執行機関として知られる（日本の法執行機関については後に詳述する）。

その責任範囲は、領海や接続水域での取り締まり、排他的経済水域（ＥＥＺ）の管理にまで及ぶ。このため使用する武器は、犯人逮捕などの任務に必要な範囲とされ、ミサイルのような破壊力のある兵器を導入することは基本的にない。

多くの国々が国連海洋法条約に署名・批准して、その国際ルールに従うことが最善であるとの考えが共有されるようになると、それぞれの国における法執行機関が重要な役割を演じるようになった。領海や接続水域、さらに大陸棚や排他的経済水域の限界を統一し、世界中の海で「航行の自由」や「無害通航」を確保できれば、締約国同士で無用な対立や衝突を防ぐことが可能となるからである。

第5章にあるように「海洋強国」を目指し、軍事大国化へ突き進む中国でさえ、法執行機関の役割と重要性を無視はできず、二〇一三年に四つの海上法執行機関を統合して中国海警局となり、二〇一八年からは人民武装警察部隊海警総隊となった。

軍事力と共に、法執行の時代へ

軍事力とは、侵略国や仮想敵国に対して壊滅的な打撃や反撃を与えることが可能な能力で、国家防衛のために軍事作戦を展開できる能力である。海に特化すると、主な担い手は海軍や海兵隊である。警察の武器に比べ、装備する武器の破壊力に制限はない。しかし日本は専守防衛の国是から、外部からの武力攻撃に対して平和を維持するために自ら防衛力を制限している。日本防衛の最後の砦として防衛省・自衛隊が存在する。

第1章で記したように、かつてイギリスが世界の海を支配した時代、すなわち国際法もなく、法整備もされていない一八〜二〇世紀前半の海洋世界では、イギリス海軍が世界規模で配置されていた。その使命はイギリスの商船会社や貿易会社の通商ルートを守ることであったが、当時の海洋秩序を秩序たらしめていたのは、イギリスの強大な海軍力であった。

二〇世紀後半、航行の自由を追求するアメリカ、イギリス、ヨーロッパ諸国が中心となって、途上国の要望も受け入れながら国連海洋法条約を制定していったが、この条約がもたらす海洋秩序を世界中で遵守していくための舞台装置として、米英欧諸国の軍事力と警察力、つまり「海洋パワー（シーパワー）」が存在していた。厳然とした軍事力と警察力に裏打ちされた外交力があってこその、国連海洋法条約の制定と発効があったわけである。前述のように結局、アメリカは深海底条項に反対して署名しなかったが、この新たな海洋秩序には支持を寄せた。

一七世紀から現代までの約四〇〇年間を振り返ると、海軍が軍事力と警察力を行使した歴史は圧倒的に長い。海上法執行機関が海軍から独立し、国際的に認知されるようになったのは第二次世界大戦後であり、その役割が重要性を帯びるようになったのは国連海洋法条約が制定・発効されてからだ。

このため多くの途上国では現在に至るまで、海軍が警察活動を行っているのが現状で、名称としての海上保安機関が存在していても、組織的には海軍に属していることが多い。こうした難しさがあるなかで、海上法執行機関の重要性が認識され、海軍から分離した機関を設立させる動きが顕在化している。アメリカで沿岸警備隊が誕生したのは一九一五年（その起源は一七九〇年）であり、日本で海上保安庁が発足したのは一九四八年五月一日。海上法執行機関の歴史をどんなに遡っても一〇〇年程度である。それほど海上の法執行機関の歴史は浅いのだが、その重要性は高くなっている。

法執行機関の世界モデル――海上保安庁の目的と任務

中国の公船や漁船、さらには香港や台湾の活動家による尖閣諸島周辺海域への不法侵入が相次いだため、人目の届かない海域で、もともと黒子として領海警備に携わってきた海上保安庁に注目が寄せられ、表舞台に登場するようになった。日本の海上保安庁は、質量ともに世界の最高レベルに達しており、日本が世界に誇る海上法執行機関である。この分野で見れば、アメリカ沿岸警備隊と並んで、世界モデルといってよいだろう。

海上法執行とは、「まえがき」でも述べたが、国内法である海上保安庁法や警察官職務執行法などに基づいて警察権を行使するとともに、国連海洋法条約をはじめとする国際ルールを踏まえて、領海警備や排他的経済水域（EEZ）の保全・管理、さらに海賊対処行動などをすることである。

こうした法執行に加えて、海保には捜索救難、海上災害や海洋汚染への対応、さらには海上交通管制、海図作成など、実にさまざまな業務があり、世界の法執行機関を見渡しても、これほど多様化した業務を担っている法執行機関はないといってよい。

ここで海上保安庁の「目的」を規定した海上保安庁法第一条を見ると、「海上において、人命及び財産を保護し、並びに法律の違反を予防し、捜査し、及び鎮圧する」とある。

そして続く第二条で「任務」を定め、「法令の海上における励行、海難救助、海洋汚染等の防止、海上における船舶の航行の秩序の維持、海上における犯罪の予防及び鎮圧、海上における犯人の捜査及び逮捕、海上における船舶交通に関する規制、水路、航路標識に関する事務その他海上の安全の確保に関する事務並びにこれらに附帯する事項に関する事務を行うことにより、海上の安全及び治安の確保を図ることを任務とする」とある。

海上保安庁巡視船あきつしま（海上保安庁提供）

こうした条文を読むと、海上保安庁は、海上で発生するすべての事案、つまり海上の森羅万象に向き合い、あらゆる問題を処理する機関ということになる。とかく日常生活では縦割り行政の弊害が問題になることがあるが、こと海上に関しては海上保安庁が横断的に問題への対処を行っているため、海上と陸上では行政のあり方も大きく異なる。

海上保安庁の「任務」の多様性は、海上保安庁の専門職やチーム編成にも表れている。『海上保安レポート2019』に専門職やチーム編成の用語が、警備系、捜査系、国際系、救難系、整備系、海洋調査系、システム系、管制や教育、音楽、他省庁への出向として分類されている。

特別警備隊は日本全国の管区に配備されている「警備実施等強化巡視船（通称＝特警船）」に配置されており、陸の警察を引き合いに出すと、機動隊に相当する。

またテロ対策や要人警護など特殊警備を専門に担当するのが「特殊警備隊」で、最近ではSST（Special Security Team）と呼ばれるようになった。海上保安庁の「特殊警備」を最前線で陣頭指揮してきたのが、海保出身者で初めて海上保安庁長官に就任した佐藤雄二である。プルトニウム輸送船「あかつき丸」に乗船しての警備（警乗隊《けいじょうたい》）、関西国際空港テロの防止、北朝鮮不審船への対処、尖閣諸島の警備など、海上保安庁が現場で直面した困難や脅威に身を置いている。佐藤雄二著『波濤《はとう》を越えて――叩き上げ海保長官の重大事案ファイル』は、当事者から見た特殊警備の重大さ、さらに苦労と苦悩が伝わってくる。

こうした多様な任務を遂行するために、海上保安庁は有能な海上保安官を育成することが最重要課題であり、幹部教育のために海上保安大学校（広島県呉市、四年制、卒業時に全国の管区へ配置が決まり、全国転勤していく）と、現場で活躍する保安官を育成するために海上保安学校（京都府舞鶴市、一年制〔航海・機関・航空・主計・海洋科学〕～二年制〔情報システム・管制〕、入学直後に特定の管区勤務が決まり継続勤務となる）という二つの教育施設を有する。

同時に前述のように、国際的なレベルで法執行を研究・教育するため、海上保安大学校は政策研究大学院大学（東京）と連携して、大学院コース「海上保安政策プログラム」を開設している。国際協力機構（JICA《ジャイカ》）や日本財団とも「連携・協働」している。

尖閣領海警備――海上保安体制の強化

海上法執行機関として多様な任務を遂行するために、海上保安庁は二〇一九年現在、巡視船艇・特殊警備救難艇を計四四三隻、測量船・灯台見回り船・教育業務用船を計二二隻、航空機八〇機（飛行機三一機、回転翼航空機と呼ばれるヘリコプター四九機）を保有している。これらの巡視船艇を全国一一の管区に分けて、配属している。

海保の定員は現在（二〇一九年度）、約一万四〇〇〇人で、予算は約二二五〇〇億円（含補正予算三五七億円）。〝尖閣領海警備〟の問題が発生してから、定員と予算は増加傾向を示している。海上保安庁の予算と人員は、二〇一〇年度に約一八〇〇億円、約一万二六〇〇人であったことを考えると、近年の急拡大は著しい。その主たる理由は中国の公船と漁船が大挙して、日本の領海に侵入するようになったからである。とりわけ尖閣諸島周辺の海域における、中国船の領海侵入へ対応するために、海保は大型巡視船の新規建造を迫られた。

二〇一〇年九月、中国漁船が尖閣諸島の領海内で海保の巡視船と衝突するという事件が発生。石原慎太郎東京都知事（当時）が二〇一二年四月、東京都として尖閣諸島の購入方針を発表。同九月に当時の民主党政権が魚釣島など尖閣諸島の三島を国有化することを決めた。こうした日本の動きに対して中国が反発し、公船と漁船を大挙して日本の領海と接続水域に送り込む事態が発生した。

とりわけ〝尖閣領海警備〟を筆頭に、日本全国で領海の警備などを担うのは巡視船一三八隻だ。巡視船とは約一八〇トン以上の船舶で、特に外洋での航行が可能な一〇〇〇トン以上の大型巡視船は六二隻を数える。このうちヘリコプターを搭載する「あきつしま」や「しきしま」など、通称〝ヘリ巡〟と呼ばれる大型巡視船（PLH）は一四隻だ。小型の船舶を巡視艇（二三八隻）と呼び、二〇メートル型や三五メートル型というように表示して、トン数で分類していない。

気象が厳しく、中国公船の領海侵入と対峙する〝尖閣領海警備〟では大型巡視船が投入され、沖縄県石垣島にある石垣海上保安部（第一一管区、本部は沖縄県那覇市）には大型巡視船一三隻が配備されるなど、日本で最大の規模となった。那覇には四隻の大型巡視船が配備されており、第一一管区全体（沖縄県）で見ると大型巡視船は一八隻を数える。それほど中国公船による領海侵入、さらに多数の中国漁船による違法操業が多発していることを示している。

かつて北朝鮮の不審船が出没し、最近では北朝鮮の漁船がイカやカニの好漁場「大和堆《やまとたい》」に押し寄せてくる日本海は、中国、ロシア、韓国の艦船も通航するため、北海道から九州に至る日本海沿岸の海上保安部には約二〇隻の大型巡視船が配備されている。韓国やロシアとの水域にも、また本州から遠方にある沖ノ鳥島や小笠原諸島へも絶えず目を配っている。

中長期的には今後、第一〇管区（本部は鹿児島県鹿児島市）にも複数の大型船が配備される予定で、第一一管区と合わせて南西諸島海域では、日本で最大規模の大型巡視船が〝尖閣領海警備〟で集結することになる。それほどまでに中国は執拗に、長期にわたって尖閣を狙ってくるという判断が、日本政府にあると見てよい。

このように日本を取り巻く情勢が緊迫するなか、日本政府が策定した「国家安全保障戦略」（二〇一三年一二月）に基づき、海上保安体制は急速に強化されてきた。さらに「海上保安体制強化に関する関係閣僚会議」が決定した「海上保安体制強化に関する方針」（二〇一六年一二月）が決定されたことで、海保の予算と定員が大幅に増え、それにともない〝尖閣領海警備専従体制〟を強化したという経緯がある。

法執行機関における根拠法

日本で制定された多くの法律や政令、さらに国連海洋法条約などの国際条約に基づいて、海上保安庁は法執行を行っている。

では、どのような国内法や国際法・条約に依拠して法執行に取り組んでいるのであろうか。海上保安庁監修『海上保安六法2019年版』に掲載されている主な法律や条約は七項目（総則、警備救難、海洋汚染・海上災害、水路業務、海上交通、国際・危機管理、関係法令）に分類されている。これらに関連して多くの政令（憲法および法律の規定を実施するために内閣が制定した命令）や施行令がある。

たとえば覚醒剤を密輸する船舶を摘発する際には、関税法違反や覚せい剤取締法で犯人を逮捕することになる。犯人は密輸船に乗っている実行犯に加えて、陸上において手引きを行い、末端で売り捌く犯行グループも存在するため、実際には海保と警察、さらに税関との連携は不可欠となっている。船舶における麻薬、大麻、覚醒剤の摘発では、海上保安庁が単独で行うのではなく、実際には警察や税関との三者連携によって行うことが多い。関連法令としてはその他に、麻薬及び向精神薬取締法、あへん法、大麻取締法がある。また、厚生労働省には、薬物犯を専門に捜査する麻薬取締官（通称、マトリ）が置かれており、海上保安官と同様に「特別司法警察職員」（刑事訴訟法第一八九条）として強制捜査の権限を持つ。

根拠法で見ると、海上保安庁法（第二条、第五条）で海上犯罪の取り締まりが可能なのだが、さらに密輸という行為に着目すると、関税法（第六七条）違反として摘発でき、さらに密輸対象の覚醒剤などの違法薬物は関税法（第六九条）、および覚せい剤取締法（第一三条）の対象となる。海保は海上犯罪に対して、こうした複数の法律を執行できる権能を与えられ、法執行機関を体現しているわけである。東南アジア諸国が海軍と分離して海上法執行機関を整備する際に、日本の海上保安庁をモデルにしてきた理由がここにもある。

法執行機関としての海上保安庁は、これらの法律や条約に基づいて任務を遂行しており、現場での多様な問題に対する法執行には、厳然としたこれら根拠法の存在がある。日本が唱える「法の支配」とは、こうした多くの根拠法に基づき高度で複雑な法執行によって達成されるものであり、日本はこの文脈において、法治国家として高度なレベルに達しているといってよい。

軍隊として組織しない

海上保安庁を法執行機関として機能させるために、海上保安庁法では海保を「軍隊」として組織しないとの規定を明確に設けた。「この法律のいかなる規定も海上保安庁又はその職員が軍隊として組織され、訓練され、又は軍隊の機能を営むことを認めるものとこれを解釈してはならない」（第二五条）。海上保安庁にとって、この〝庁法第二五条〟は組織の礎《いしずえ》であり、軍隊としてではなく、海上保安機関としての組織化を決定的にした点できわめて重要である。

もちろん日本が第二次世界大戦で敗北し、アメリカの対日占領政策のもとで制定された海上保安庁法（一九四八年四月二七日、法律第二八号、施行五月一日）であるため、日本に再軍備を許さないという占領政策が色濃く反映されており、アメリカ沿岸警備隊をモデルに海上保安庁が誕生したという政治的な背景はある。

しかし、この〝庁法第二五条〟があることによって、海上保安庁は内外情勢がどのように変動しようとも、法執行機関として一貫したミッションを追い求めることができた。その結果として現在、世界屈指の海上法執行機関として認知されるようになった点を考えると、やはり〝庁法第二五条〟は海上保安庁の運命を決めた大切な条文であることが再確認できよう。

自衛隊と海上保安庁

ここで海上保安庁と海上自衛隊（略称、海自）との関係を整理してみよう。ソマリア海賊問題への対処にも見られるように、海保と海自はさまざまな問題で緊密な協力関係を結んでいる。両者の役割は予算額、人員の規模、装備品の質と量から見ても大きく異なり、組織文化も異なる（海保の巡視船が船体をホワイトで塗装している一方、海自の護衛艦は軍隊色のグレーである）。二つの組織はその歴然とした違いを前提にしつつ、現場において緊密な協力関係を構築してきたことを知る必要がある。

単純化すると、海上保安庁が海上での対処が困難であり、もしくは不可能であった場合に備えて自衛隊が役割を発揮するという図式になる。自衛隊法第八二条は、自衛隊の「海上における警備行動」を規定し、その役割を明記している。「防衛大臣は、海上における人命若しくは財産の保護又は治安の維持のため特別の必要がある場合には、内閣総理大臣の承認を得て、自衛隊の部隊に海上において必要な行動をとることを命ずることができる」。

いままでに防衛大臣は「海上警備行動」を三度発令している。第一は能登半島沖の不審船事案（一九九九年三月）で、北朝鮮の小型高速船を海自の護衛艦と対潜哨戒機Ｐ－３Ｃで追

海上自衛隊護衛艦いずも（海上自衛隊提供）

跡し、威嚇のための射撃や爆弾投下を行った。海自と海保の懸命の追跡にもかかわらず、北朝鮮の高速船は本国に戻ってしまい、これを教訓に海保は、新たに高速の巡視艇を建造し、日本海に面した管区に配備した。

第二は国籍不明の潜水艦が、潜没航行して日本の領海を侵犯した事案（二〇〇四年一一月）である。後にこれは中国の漢《ハン》級原子力潜水艦と判明する。アメリカ軍と共に海上自衛隊はだいぶ以前から中国原潜を追尾して、潜水艦の航跡を正確に把握していたようだ。海保には潜水艦を探知できるソナーを搭載した巡視船はなく、海自の護衛艦と哨戒機P－3Cが二四時間態勢で追尾を行い、中国の潜水艦を領海外へ追い出した事案である。この事案を通じて、中国は海上自衛隊による情報収集能力の高さを認識したようだ。

第三としてはソマリア沖のアデン湾での海賊対処行動（二〇〇九年三月）に際して、海自の護衛艦に海上保安官が乗艦して法執行を行うという事案であった。自動小銃やロケット砲RPG－7（ロケットランチャー）で武装したソマリア沖の海賊が、日本関係船舶を襲撃する複数の事案が発生した。日本関係船舶とは、船籍が日本、船員に日本人がいる、運航管理を日本のマネージメント会社が担当しているなど、日本に何らかの関係を持つ民間商船だ。海保は被害制御(ダメージコントロール)機能をもち、遠洋航海が可能な大型巡視船は「しきしま」一隻しか保有していないため、派遣は物理的に困難であった。このため海上自衛隊の護衛艦二隻に海上保安官が乗艦して、法執行を行った。

海上警備行動では日本関係船舶に限定されるため、外国船をも対象にできるように、海賊対処法(正式名称「海賊行為の処罰及び海賊行為への対処に関する法律」)を二〇〇九年六月に制定した。「法の支配」を重視しているため、日本が自衛隊を派遣する際には常に根拠法が求められる。緊急事態が発生した際に、まず現行法で根拠法を運用して危機対応を行い、その間に新たな法律を制定して喫緊の問題に即して現実的な対処を行う方式が採用されてきた。

有事における統制権

「一般の警察力」では「治安を維持することができない」場合、防衛大臣は自衛隊に治安出動を命じることができる。

自衛隊法第七六条は自衛隊の「防衛出動」に関する規定で、「内閣総理大臣は、次に掲げる事態に際して、我が国を防衛するため必要があると認める場合には、自衛隊の全部又は一部の出動を命ずることができる。この場合においては、武力攻撃事態等及び存立危機事態における我が国の平和と独立並びに国及び国民の安全の確保に関する法律（平成一五年法律第七九号）第九条の定めるところにより、国会の承認を得なければならない」とした。

続けて、「一　我が国に対する外部からの武力攻撃が発生した事態又は我が国に対する外部からの武力攻撃が発生する明白な危険が切迫していると認められるに至った事態」と明記。さらに自衛隊の治安出動を規定した第七八条において、「内閣総理大臣は、間接侵略その他の緊急事態に際して、一般の警察力をもっては、治安を維持することができないと認められる場合には、自衛隊の全部又は一部の出動を命ずることができる」と定めている。

一方、海上保安庁に関し、日本が有事に直面した際には、自衛隊法第八〇条において、防衛大臣は海上保安庁を「統制下」に置くことができると規定している。つまり外部からの武力攻撃があり、日本が国家存亡の機に立たされた際に、防衛大臣は海保を統制下に置き、指揮すると規定している。

その条文を確認してみよう。自衛隊法では「海上保安庁の統制」という項目を置き、第八〇条第一項では「内閣総理大臣は、第七六条第一項（第一号に係る部分に限る。）又は第七八条第一項の規定による自衛隊の全部又は一部に対する出動命令があつた場合において、特別の必要があると認めるときは、海上保安庁の全部又は一部を防衛大臣の統制下に入れることができる」と規定し、続く第二項では「内閣総理大臣は、前項の規定により海上保安庁の全部又は一部を防衛大臣の統制下に入れた場合には、政令で定めるところにより、防衛大臣にこれを指揮させるものとする」と規定した。

以上のように、日本は内閣総理大臣の命令によって、防衛大臣が海保を統制下に置くことができるという規定を設けているが、今まで発動されたことはない。しかし、これらの条文で注意しなければならないのは、海上保安庁の位置づけである。第八〇条を発動する際に、防衛大臣がどのように海上保安庁を統制下に入れるかについての具体的な条文が見当たらないのだ。自衛隊を中心に考えれば、「防衛」のために海保を統制下に置くと読めるであろうし、海上保安庁を中心に考えれば、そもそも海保は「軍隊」として組織・訓練されていないのであるから、あくまで法執行機関として統制下に置かれると読める。

こうした法律の文言の曖昧性を除去するために、小渕《おぶち》恵三内閣時の野呂田《のろた》芳成《ほうせい》防衛庁長官（当時）は一九九九年五月、第一四五回国会「参議院日米防衛協力のための指針に関する特別委員会」において、海保が防衛庁長官の指揮下に入った場合でも任務に変更はない、と政府の公式見解を示した。有事の規定があることによって、日本を総合的に防衛する能力、さらに治安のレベルを高めることができるという方向性が確認された。

ソマリア沖・アデン湾での海賊対処行動で、海上保安庁と海上自衛隊は高度な協力関係を構築しているが、二つの組織は自己完結性が高く、独立した個別の組織として捉えることが現実的であろう。海上保安庁は、法執行機関として発足から七〇年以上を経て組織も高度化し、準軍事組織としてのアメリカ沿岸警備隊ともまた「異なる道」を歩んできたことを特記しておきたい。

国際的に法執行機関を支援

日本が打ち出している海洋における「法の支配」、つまり国連海洋法条約を国際社会が遵守する環境整備のためには、世界的に法執行機関を支援する必要がある。

日本はアジアを中核とした「インド太平洋」地域で途上国の海上法執行機関を支援してきた実績を持つ。海上保安の分野でも途上国の法執行機関を支援する枠組みが生まれ、海上保安庁は外務省やＪＩＣＡと緊密な連携関係を築いてきた。現在は「自由で開かれたインド太平洋」という外交方針のもと、日本は途上国における法執行機関の能力構築を拡大・強化している。

ここでは二つのプロジェクトを取り上げてみたい。

第一は「海上犯罪取締り」研修（ＪＩＣＡ課題別研修）だ。フィリピン、マレーシア、インドネシア、ベトナムなどの東南アジア諸国を中心に、南太平洋、南アジア、中東アラブ地域、アフリカから海上保安分野の専門家を日本に招聘し、約一ヵ月間の集中研修をしている。

研修員は国際法や法令の講義を受けながら、海洋安全保障、海賊対策、犯罪捜査の手順、密航対策、薬物対策など、海上犯罪を取り締まるノウハウを総合的に学ぶ。このように日本は、中長期的な観点から人材育成も重視し、世界的な法執行機関のネットワーク化にも貢献している。

第二は、途上国の法執行機関の「能力向上(Capacity Building:キャパビル)」を目的とした専従班「モバイル・コーポレーション・チーム(MCT:Mobile Cooperation Team)」の発足である。「外国海上保安機関の能力向上支援の専従部門」という位置づけで、二〇一七年に誕生した。

このチームは海上保安庁の特殊救難隊、特別警備隊、機動防除隊の経験者から選抜され、外務省やJICAと連携して途上国の現場へ派遣され、技術支援を行っている。支援内容としては海上法執行、捜索救助、油防除、船艇維持管理の指導に加えて、海上保安業務に関する講義などで構成されている。アメリカ沿岸警備隊の「モバイル・トレーニング・ブランチ(MTB:International Mobile Training Branch)」を参考にして組織化したものだ。

これらに加えて海上保安庁は、政策研究大学院大学(東京)と連携して、大学院コース「海上保安政策プログラム」を開設し、途上国から研修員を受け入れて「海上法執行」の教育にも力を入れている。

日本の途上国支援は長い歴史をもち、フィリピン、マレーシア、インドネシア、ベトナムなどに働きかけて、海軍から分離した沿岸警備隊、海上警察、法執行機関の組織化を提案してきた。その成果は着実に生まれつつある。フィリピンではアメリカ沿岸警備隊をモデルに一九六七年、海軍に沿岸警備隊を発足させていたこともあり、一九九八年に運輸通信省へ移管され、海上保安庁とＪＩＣＡから支援を受け入れる態勢が整った。フィリピンは東南アジアの先行事例となった。

日本と東南アジア、さらにインドとの本格的な国際連携は、一つの海賊事件をきっかけにはじまった。インドネシアとマレーシアに挟まれたマラッカ海峡で一九九九年、日本の船舶会社が所有するパナマ籍貨物船「アロンドラ・レインボー号」（船長と機関長は日本人、船員はフィリピン人）が海賊に襲撃される事件が発生した。

救命ボートで漂流していた乗組員は全員救助され、最終的に同船はインド西方でインド沿岸警備隊によって捕捉され、銃撃を受けた末に、海賊グループが逮捕された。マラッカ海峡は世界貿易の大動脈であり、日本にとってはシーレーンとして貿易の生命線であった。この海賊事件を受けて、日本は東南アジア諸国やインドとの国際連携に着手することを決める。

海上保安庁は二〇〇〇年四月、「海賊対策国際会議」を日本財団と共に開催し、アジア海域での海賊対策に乗り出した。取り組みと連携・協力の指針である「アジア海賊対策チャレンジ二〇〇〇」を採択した。この延長線上において日本主導で誕生したのがアジア海上保安機関長官級会合、北太平洋海上保安フォーラム、そして世界海上保安機関長官級会合である。日本を中心に、海上法執行機関の地域的・世界的なネットワークが構築されるまでになった。

「自由で開かれたインド太平洋」を目指して

海洋覇権の歴史は、さまざまなプレーヤーが鎬《しのぎ》を削った軌跡だ。豊かさを海洋に求めた各国が、歴史の時間軸の中でどのように動いてきたのかを激動する国際情勢を絡め、関連するエピソードを交えながら、本書を通じてわかりやすく述べようと試みた。

世界の国々にとって、海洋が自由、無秩序な時代にあっても、国家が海洋を地理的に支配しようとした動き、つまり、海洋地政学的発想の萌芽ともいえる事象が幾つかあった。それは、大航海時代のスペイン・ポルトガルによる大西洋の分割に端を発したものの、国家による海洋覇権の競争が本格的にはじまったのは一七世紀の英蘭戦争であった。海外貿易を中心としたオランダの海洋進出が続き、一八世紀～一九世紀には、イギリスによる海洋の支配、海洋帝国の建設が世界規模で成し遂げられた。自由で無秩序だった海洋は、支配の対象となった。二〇世紀に入ると、その主役の座はアメリカに移る。

第二次世界大戦後、アメリカのトルーマン宣言をきっかけに、途上国をはじめとする世界の国々が海洋の領有化に乗り出す。その動きにともない、海洋の無秩序な領有化に規制をかけるように、国連海洋法条約が制定され、国際的なコンセンサスを通じて海洋を管理していくという新しいフェーズに突入する。

しかし、二一世紀になると、そのような管理体制に中国が挑戦するようになる。これに対して、日本は国際的な海洋ルールを守るとの立場から、「法の支配」を唱えている。

本章の冒頭から、日本のお家芸ともいえる「法執行」の重要性を繰り返し指摘してきたが、法執行機関が万能であるわけではない。海上における「法の支配」や「法執行」が可能な環境がない限り、「法執行」機関は十分に機能できない。国際的には各国が国際法や海洋ルールを守るという強い意思を持ち、それに従わなくてはならないという判断を持ちうる国際環境が必要となる。国内的には外国からの武力攻撃がなく、武力攻撃を思い止まらせるような防衛力（軍事力）があり、平時の環境が整備されていることが大切だ。

今後具体的に取り組むべきは、政府の基本方針である「自由で開かれたインド太平洋」のコンセプトの実現であろう。つまり、「成長株であるアジア」、「潜在力を秘めたアフリカ」という「二つの大陸」と、「二つの大洋（太平洋・インド洋）」を「国際公共財」として「自由で開かれたもの」とすることである。この地域の平和と安定、繁栄に寄与するべく、「軍隊ではない」高度な「法執行機関」を多元的に活用するという、日本のスタイルを堅持していくことが求められる。

「海の憲法（国連海洋法条約）」を戴く、秩序と協調を前提とした二一世紀の海洋世界構築に対して、中国という不安定要因がある。そのようななかで、日本が国際社会をリードしつつ外交・防衛・法執行（外交力・軍事力・警察力）という海洋秩序の装置を強化し、海洋秩序に挑戦する中国の進出に歯止めをかけなくてはならない。一九世紀の海の覇者イギリスや、二〇世紀を代表する「海洋パワー（シーパワー）」アメリカとは異なるアプローチをもって、海上法執行の分野で、日本は大きな役割を演じることができる。

あとがき

大好きな新幹線での途中下車を封印してきた。

筆者の長年の癖なのだが、たとえば福岡で用事があると、東京への帰路は新幹線に乗車し、あえて途中下車をする。沿線には小倉、門司、下関、岩国、広島〈そして呉《くれ》や下蒲刈島《しもかまがり》〉、尾道、福山、倉敷、岡山〈そして直島〉、姫路〈そして小豆島《しょうどしま》〉、明石、神戸〈そして宝塚〉などの美しい街があるが、復路での途中下車は一度と決めているので、降車地の選択は毎回至難の業である。福山駅で下車して、宮崎駿監督が映画『崖の上のポニョ』を構想したという鞆《とも》の浦《うら》に足を延ばせば、往時の「潮待《しおま》ち」の港町に思いを馳せることができる。また高速バスに乗って「しまなみ海道」を四国の今治《いまばり》へと向かえば、瀬戸内海の景勝を堪能できる。これが日本の原風景なのであろうと独りごちながら。

本書を執筆する時間を工面するための窮余の策であったが、ようやく出版に漕ぎつけることができ、その「封印」を晴れて解くことができることは無上の喜びである。

無謀にも、四〇〇年に及ぶ海洋の歴史を扱ってしまった。もともと海洋史に関する素朴な疑問があり、大国がデザインした海洋秩序や海洋政策を時系列で整理し把握することが本書の狙いであった。領海は三カイリが一般的であったのに、なぜ世界中の国々は一二カイリを採用するようになったのか。なぜ排他的経済水域（EEZ）は二〇〇カイリなのか。どうして接続水域という概念が生まれたのか。何かと話題の中国が領海法を制定した理由は何か。次から次へと疑問が湧き出すなかで、海洋史の迷路へと誘い込まれ、抜け出すことが難しくなっていった。

研究対象として、アメリカのようなメジャーな大国は扱わないというのが基本方針であったのだが、海洋秩序をテーマとして扱うためには、アメリカの複雑な海洋政策や法律にまで深入りせざるを得なくなった。また、アメリカの石油エネルギー産業の興隆をリサーチしていく過程で、一八世紀から一九世紀の捕鯨産業に行き着き、図らずも、一般の教科書にはないペリー提督来日の本当の目的を知ることになった。ペリーが開国を迫った浦賀や函館に足を運んだ折には、晴天の函館山からの絶景に思わず息をのんだ。執筆の上でのこのような「寄り道」が、本題そのものにも研究手法にも大きな糧をもたらしてくれたと思う。

脱稿までの長いプロセスでは、実にさまざまな方々にご教示をいただいた。海上保安庁、防衛省・海上自衛隊、外務省、国際協力機構（JICA）、国際交流基金、日本船主協会、全日本海員組合、日本郵船、郵船クルーズの方々からは、多様な学習の機会を頂戴した。厚く御礼を申し上げたい。

海上保安庁の佐藤雄二元長官とは、複数の海上保安官を交えて長官就任発表の一週間前にもお目にかかることができたので、長官就任の一報が届いたときには嬉しさを禁じえなかった。長官就任後は、何度も長官室に足を運んで直接教えを乞うた。筆者にとって無二の指導教授である。さらに、領海警備の最前線である石垣島、宮古島、那覇、鹿児島、福岡、門司、対馬、舞鶴、新潟を訪れた際には、巡視船艇を見学しながら、現場での活動を大勢の保安官からうかがうことができた。佐藤元長官、その後輩や保安官たちのおかげで、臨場感あふれる海上保安行政に触れることができたと思っている。

防衛省では防衛政策を理解する場に参加できた。何といっても海上自衛隊の練習艦「かしま」に乗艦して地中海から紅海への航行中、あのスエズ運河を通航できたことはまたとない希少な経験であった。横須賀、呉、佐世保、舞鶴、大湊《おおみなと》にある海自の地方総監部、さらには那覇、岩国、厚木の航空「基地」、さらに陸上自衛隊や航空自衛隊の駐屯地を視察するたびに、防衛力の重要性を認識したものだ。

日本船主協会からは、船協が主催する会合にお声を掛けていただき、また価値ある資料にも目を通すことを許された。深謝致したい。

全日本海員組合の森田保己組合長からは、第二次世界大戦で動員された船員・海員が、いかに過酷な環境に置かれていたかの貴重なお話をうかがい、また国際的な海員ネットワークの重要性についてもご指南いただいた。関西地方支部（神戸）にある「戦没した船と海員の資料館」は、戦没した商船の写真や遺品を収集するとともに、船会社の社史コレクションも大切に保管されており、日本の海事史を後世に残す地道な活動の中心となっている。

日本郵船の海務グループとは、縁あって長年のお付き合いとなり、社史や資料の提供にとどまらず、横浜にある「日本郵船歴史博物館」と貨客船「氷川丸」にも幾度となくお招きいただいた。第二次世界大戦で多くの民間商船が戦没したという史実は、この博物館において初めて見聞することができた。また郵船クルーズの「飛鳥Ⅱ」に乗船見学する機会に恵まれ、クルーズ船の仕組みやビジネス環境を体感することができた。

四〇〇〇年間の海洋史を扱えば、多くの事実誤認、記載ミス、分析や解釈の間違いなどが発生する危険をはらんでいる。それらを極小化するために、今回も多くの識者からコメントを頂戴した。チャイナ・ウォッチャーで産経新聞論説委員の山本秀也氏、海上自衛隊・元在中国防衛駐在官の山本勝也一等海佐、国際政治と現代史の研究者である永野隆行氏、島村直幸氏、水本義彦氏、さらに複数の海事専門の方々に、この場を借りて感謝の気持ちを捧げたい。

中公新書の担当編集者、上林達也さんは、精神面と実務面の両方で筆者を支え、編集者として本書に全精力を傾注してくださった。話が枝葉に及ぶ習い性からオリジナル原稿が膨大になったため、これを新書のサイズに圧縮するために「執刀医」として大手術を行っていただいた。

今回も妻の淳子には、章の構成や文章表現でアドバイスをもらった。主婦業の傍ら技術翻訳・校閲の仕事をするようになってから、コメントが一段と厳しくなった。頼もしい味方である。

竹田いさみ

参考文献

邦語・翻訳書

青山瑠妙『中国のアジア外交』東京大学出版会、二〇一三年
阿川尚之『海の友情―米国海軍と海上自衛隊』中央公論新社、二〇〇一年
阿川尚之「海洋国家アメリカの夢―合衆国憲法の制定と海軍の誕生」田所昌幸、阿川尚之編『海洋国家としてのアメリカ』所収
秋田茂『イギリス帝国の歴史―アジアから考える』中央公論新社、二〇一二年
秋田茂編『パクス・ブリタニカとイギリス帝国』ミネルヴァ書房、二〇〇四年
秋田浩之『乱流―米中日安全保障三国志』日本経済新聞出版社、二〇一六年
秋元千明『戦略の地政学―ランドパワーVSシーパワー』ウェッジ、二〇一七年
秋山昌廣、栗林忠男編著『海の国際秩序と海洋政策（海洋政策研究叢書I）』東信堂、二〇〇六年
秋山昌廣「尖閣諸島に関する地政学的考察」『島嶼研究ジャーナル』第二巻第一号、二〇一二年
浅井一男「海上事故防止協定（INCSEA）による信頼醸成―過去の事例と日中海空連絡メカニズムの課題」『レファレンス』第七七〇号、二〇一五年三月
朝雲新聞社出版業務部編著『防衛ハンドブック2019』朝雲新聞社、二〇一九年
麻田貞雄編・訳『マハン海上権力論集』講談社、二〇一〇年
浅野亮、山内敏秀編『中国の海上権力―海軍・商船隊・造船～その戦略と発展状況』創土社、二〇一四年
浅羽良昌『アメリカ経済200年の興亡』東洋経済新報社、一九九六年
阿部純一『中国軍の本当の実力』ビジネス社、二〇〇六年
有賀貞『国際関係史―16世紀から1945年まで』東京大学出版会、二〇一〇年
有賀貞『現代国際関係史―1945年から21世紀初頭まで』東京大学出版会、二〇一九年
飯倉章『第一次世界大戦史―諷刺画とともに見る指導者たち』中央公論新社、二〇一六年
飯田敬輔『経済覇権のゆくえ―米中伯仲時代と日本の針路』中央公論新社、二〇一三年
飯田将史『海洋へ膨張する中国―強硬化する共産党と人民解放軍』角川マガジンズ、二〇一三年
五百旗頭真『日米戦争と戦後日本』講談社、二〇〇五年
池田清『海軍と日本』中央公論社、一九八一年
石井彰、藤和彦『世界を動かす石油戦略』筑摩書房、二〇〇三年
伊藤俊幸「尖閣諸島「危機」―急務は「海保」の拡充

だ」『フォーサイト』（新潮社ウェブ版）二〇一六年八月一七日
伊藤俊幸「国際法無視の中国「海洋国土」論（上・下）」『フォーサイト』（新潮社ウェブ版）二〇一七年一月二六日、二七日
猪木正道『軍国日本の興亡―日清戦争から日中戦争へ』中央公論社、一九九五年
岩下明裕『北方領土問題―4でも0でも、2でもなく』中央公論新社、二〇〇五年
後瀉桂太郎『海洋戦略論―大国は海でどのように戦うのか』勁草書房、二〇一九年
梅野巨利『国際資源企業の国有化』白桃書房、一九九二年
浦野起央『南シナ海の領土問題―分析・資料・文献』三和書籍、二〇一五年
江藤淳一「海洋境界画定に関する国際判例の動向」『国際問題』第五六五号、二〇〇七年
衛藤征士郎『海の平和を守る―海賊対処と日本の役割〈対談・座談集三〉』日本海事新聞社、二〇一八年
榎本珠良編著『国際政治史における軍縮と軍備管理』日本経済評論社、二〇一七年
エングラー、ロバート（瀬木耿太郎訳）『オイル・ロビー』毎日新聞社、一九八一年
大阪商船編『大阪商船株式会社五十年史』大阪商船株式会社、一九三四年
大阪商船三井船舶総務部社史編纂室、日本経営史研究所編『創業百年史』大阪商船三井船舶株式会社、一九八五年
大塚裕史「密航」山本草二編『海上保安法制』所収
大野哲弥『国際通信史でみる明治日本』成文社、二〇一二年
大野哲弥『通信の世紀―情報技術と国家戦略の一五〇年史』新潮社、二〇一八年
岡田泰男『アメリカ経済史』慶應義塾大学出版会、二〇〇〇年
岡村志嘉子「中国の愛国主義教育に関する諸規定」『レファレンス』第六四七号、二〇〇四年一二月
岡村志嘉子「南シナ海周辺国に対する中国の外交姿勢―ベトナム・フィリピンとの関係」『レファレンス』第七九六号、二〇一七年五月
小川聡、大木聖馬『領土喪失の悪夢―尖閣・沖縄を売り渡すのは誰か』新潮社、二〇一四年
奥薗淳二「国際的外部環境の変化と海上保安庁」『海保大研究報告〈法文学系〉』第六一巻第一号、二〇一六年
奥脇直也「海上執行措置における国際協力」「国際法から見た国内法整備の課題」山本草二編『海上保安法制』所収
奥脇直也「海洋紛争の解決と国連海洋法条約」『国際問題』第六一七号、二〇一二年一二月
尾崎重義「尖閣諸島と日本の領有権（緒論その2）」『島嶼研究ジャーナル』第二巻第一号、二〇一二年
小田滋『海洋の国際法構造』有信堂、一九五六年
小田滋『海の資源と国際法Ⅰ』有斐閣、一九七一年
小田滋『海の資源と国際法Ⅱ』有斐閣、一九七二年
小田滋『海洋法研究』有斐閣、一九七五年

小田滋『国際法の現場から』ミネルヴァ書房、二〇一三年
小髙泰「中国の攻勢に戸惑うベトナム」『海外事情』第六五巻第一〇号、二〇一七年一〇月
越智均「尖閣諸島をめぐる中国の動向分析」『海保大研究報告〈法文学系〉』第五九巻第一号、二〇一四年
小原凡司『中国の軍事戦略』東洋経済新報社、二〇一四年
小原凡司『世界を威嚇する軍事大国・中国の正体』徳間書店、二〇一六年
海上自衛隊幹部学校編『海幹校戦略研究』各年度各号
海上保安大学校編『海保大研究報告』各年度各号
海上保安庁『海上保安レポート2019』海上保安庁、二〇一九年（各年度版も参照）
海上保安庁監修『海上保安六法〈2019年度版〉』成山堂書店、二〇一九年
「海上保安庁のすべて」『世界の艦船』第九〇二号、二〇一九年、六月号増刊
外務省『外交青書二〇一九（令和元年版）』外務省、二〇一九年（各年版も参照）
外務省ウェブ公開資料「海の法秩序と国際海洋法裁判所」（二〇一〇年七月二三日）、「国連海洋法条約と日本」（二〇一八年三月）、「大陸棚限界委員会」（二〇一八年六月一二日）、「海洋の国際法秩序と国連海洋法条約」（二〇一八年六月二五日）
外務省経済局海洋課監修『英和対訳　国連海洋法条約〈正訳〉』日本海洋協会、一九九七年
海洋政策研究財団編『中国の海洋進出―混迷の東アジア海洋圏と各国対応』成山堂書店、二〇一三年
霞山会編『東亜 East Asia』月刊各号
梶原みずほ『アメリカ太平洋軍―日米が融合する世界最強の集団』講談社、二〇一七年
勝股秀通『自衛隊、動く―尖閣・南西諸島をめぐる攻防』ウェッジ、二〇一四年
加藤聖文『「大日本帝国」崩壊―東アジアの1945年』中央公論新社、二〇〇九年
兼原敦子「執行手続における特別事情―実体的基盤と手続き的基盤からみた追跡権の展開」山本草二編『海上保安法制』所収
兼原敦子「排他的経済水域の沿岸国の権利―アークティック・サンライズ号事件を素材として」『上智法学論集』第六〇巻、二〇一七年三月
兼原敦子「南シナ海仲裁判断（本案）にみる国際法の妥当性の論理」『国際問題』第六五九号、二〇一七年三月
兼原信克『戦略外交原論』日本経済新聞出版社、二〇一一年
カプラン、ロバート・D（奥山真司訳）『南シナ海が〝中国海〟になる日―中国海洋覇権の野望』講談社、二〇一六年
加茂具樹編著『中国対外行動の源泉』慶應義塾大学出版会、二〇一七年
茅原郁生『中国人民解放軍―「習近平軍事改革」の実像と限界』PHP研究所、二〇一八年
川上高司『米軍の前方展開と日米同盟』同文舘出版、二〇〇四年

参考文献

川崎汽船（株）編『川崎汽船五十年史』川崎汽船株式会社、一九六九年
川崎汽船（株）編『川崎汽船100年史』川崎汽船株式会社、二〇一九年
川島真『中国のフロンティア―揺れ動く境界から考える』岩波書店、二〇一七年
河野真理子「南シナ海仲裁の手続と判断実施の展望」『国際問題』第六五九号、二〇一七年
河野真理子「管轄権判決と暫定措置命令から見た国連海洋法条約の下での強制的紛争解決制度の意義と限界」柳井俊二、村瀬信也編『国際法の実践―小松一郎大使追悼』、信山社、二〇一五年
川村純彦『尖閣を獲りに来る中国海軍の実力―自衛隊はいかに立ち向かうか』小学館、二〇一二年
北岡伸一『後藤新平―外交とヴィジョン』中央公論社、一九八八年
北岡伸一『門戸開放政策と日本』東京大学出版会、二〇一五年
北岡伸一『世界地図を読み直す―協力と均衡の地政学』新潮社、二〇一九年
北川佳世子「密輸と組織犯罪」山本草二編『海上保安法制』所収
北川敬三「ネイバルアカデミズムの誕生―スティーヴン・ルースの海軍改革」田所昌幸、阿川尚之編『海洋国家としてのアメリカ』所収
橘川武郎『戦前日本の石油攻防戦―一九三四年石油業法と外国石油会社』ミネルヴァ書房、二〇一二年
木畑洋一『二〇世紀の歴史』岩波書店、二〇一四年
木畑洋一『帝国航路を往く―イギリス植民地と近代日本』岩波書店、二〇一八年
君塚直隆『パクス・ブリタニカのイギリス外交―パーマストンと会議外交の時代』有斐閣、二〇〇六年
君塚直隆『ヴィクトリア女王―大英帝国の〝戦う女王〟』中央公論新社、二〇〇七年
君塚直隆、細谷雄一、永野隆行編『イギリスとアメリカ―世界秩序を築いた四百年』勁草書房、二〇一六年
倉品剛「米国コーストガードの制度分析―シップライダー制度の事例分析から見た成立要件」『海保大研究報告〈法文学系〉』第六一巻第二号、二〇一七年
栗林忠男、杉原高嶺編『海洋法の歴史的展開（現代海洋法の潮流 第一巻）』有信堂高文社、二〇〇四年
クレア、マイケル・T（柴田裕之訳）『血と油―アメリカの石油獲得戦争』日本放送出版協会、二〇〇四年
小池滋、青木栄一、和久田康雄編『鉄道の世界史』悠書館、二〇一〇年
小泉悠『「帝国」ロシアの地政学―「勢力圏」で読むユーラシア戦略』東京堂出版、二〇一九年
高坂正堯『海洋国家日本の構想』中央公論新社、二〇〇八年
香田洋二『賛成・反対を言う前の集団的自衛権入門』幻冬舎、二〇一四年
国分良成『中国政治からみた日中関係』岩波書店、二〇一七年
小谷賢『日英インテリジェンス戦史―チャーチルと太平洋戦争』早川書房、二〇一九年
小谷俊介「南シナ海における中国の海洋進出および「海

洋権益」維持活動について」『レファレンス』第七五四号、二〇一三年一一月
小谷節男『アメリカ石油工業の成立』関西大学出版部、二〇〇〇年
小谷哲男「中国が脅かす海洋安全保障」日本再建イニシアティブ『現代日本の地政学』所収
小谷哲男「南シナ海仲裁判断後の東シナ海―南シナ海問題との相関関係」『国際問題』第六五九号、二〇一七年三月
小寺彰「領海外沿岸海域における執行措置―接続水域・排他的経済水域・大陸棚における沿岸国権限とその根拠」山本草二編『海上保安法制』所収
小橋雅明「運輸政策トピックス「領海等における外国船舶の航行に関する法律」について」『運輸政策研究』第一一巻第三号、二〇〇八年
呉士存（朱建栄訳）『中国と南沙諸島紛争―問題の起源、経緯と「仲裁裁定」後の展望』花伝社、二〇一七年
コール、スティーブ（森義雅訳）『石油の帝国―エクソンモービルとアメリカのスーパーパワー』ダイヤモンド社、二〇一四年
斎藤誠「海上執行措置の組織法と作用法」「国際法の国内法化と海上保安法制の整備―国内法の視点から」山本草二編『海上保安法制』所収
齋藤道彦『南シナ海問題総論』中央大学出版部、二〇一九年
坂元一哉『日米同盟の絆―安保条約と相互性の模索』有斐閣、二〇〇〇年
坂元茂樹「領海」山本草二編『海上保安法制』所収
坂元茂樹「尖閣諸島をめぐる中国国内法の分析」『島嶼研究ジャーナル』第四巻第一号、二〇一四年
坂元茂樹『日本の海洋政策と海洋法』信山社、二〇一八年
坂元茂樹編著『国際海峡』東信堂、二〇一五年
笹川平和財団海洋政策研究所編『海洋安全保障情報季報（旧海洋情報季報）』（各年度版）
笹川平和財団海洋政策研究所編『海洋白書２０１９』（各年度版）
佐々木雄一『陸奥宗光―「日本外交の祖」の生涯』中央公論新社、二〇一八年
佐藤考一「中国と「辺疆」海洋国境―南シナ海の地図上のＵ字線をめぐる問題」『境界研究』（北海道大学スラブ・ユーラシア研究センター）第一号、二〇一〇年
佐藤考一『「中国脅威論」とＡＳＥＡＮ諸国―安全保障・経済をめぐる会議外交の展開』勁草書房、二〇一二年
佐藤任弘『海洋と大陸棚』共立出版、一九七〇年
佐藤任弘『深海底と大陸棚』共立出版、一九八一年
佐藤優『使える地政学―日本の大問題を読み解く』朝日新聞出版、二〇一六年
佐藤優『現代の地政学』晶文社、二〇一六年
佐藤雄二『波濤を越えて―叩き上げ海保長官の重大事案ファイル』文藝春秋、二〇一九年
篠田英朗『国際社会の秩序』東京大学出版会、二〇〇七年
篠原初枝『国際連盟―世界平和への夢と挫折』中央公論新社、二〇一〇年

参考文献

島田征夫『開国後日本が受け入れた国際法—19世紀における慣習国際法の研究』成文堂、二〇一三年

島村直幸『〈抑制と均衡〉のアメリカ政治外交—歴史・構造・プロセス』ミネルヴァ書房、二〇一八年

下平拓哉『日本の海上権力—作戦術の意義と実践』成文堂、二〇一八年

シューマン、ロナルド・ビー（世界経済調査会訳）『アメリカの石油産業』世界経済調査会、一九四二年

JOGMEC（石油天然ガス・金属鉱物資源機構）調査部編『石油資源の行方—石油資源はあとどれくらいあるのか』コロナ社、二〇〇九年

白石隆『海の帝国—アジアをどう考えるか』中央公論新社、二〇〇〇年

杉田弘毅『「ポスト・グローバル時代」の地政学』新潮社、二〇一七年

杉原高嶺『海洋法と通航権』日本海洋協会、一九九一年

鈴木祐二「『海政学』の試み（一・二・三）」『海外事情』二〇一七年三月・二〇一八年三／四月・二〇一九年三／四月

スタヴリディス、ジェイムズ（北川知子訳）『海の地政学—海軍提督が語る歴史と戦略』早川書房、二〇一七年

スタンデージ、トム（服部桂訳）『ヴィクトリア朝時代のインターネット』NTT出版、二〇一一年

須藤繁『石油地政学の新要素—石油情勢に影響を与える諸要因』同友館、二〇一〇年

スパイクマン、ニコラス・J（奥山真司訳）『平和の地政学—アメリカ世界戦略の原点』芙蓉書房出版、二〇〇八年

瀬田真『海洋ガバナンスの国際法—普遍的管轄権を手掛かりとして』三省堂、二〇一六年

芹田健太郎『島の領有と経済水域の境界画定』有信堂高文社、一九九九年

銭其琛（濱本良一訳）『銭其琛回顧録—中国外交二〇年の証言』東洋書院、二〇〇六年

全日本海員組合十五年史編纂委員会編『全日本海員組合十五年史』全日本海員組合、一九六三年

全日本海員組合、日本経営史研究所編『全日本海員組合四十年史—海上労働運動七十年のあゆみ』全日本海員組合、一九八六年

全日本海員組合編『海なお深く—徴用された船員の悲劇（上・下）』全日本海員福祉センター、二〇一七年

戦没した船と海員の資料館編『戦没船写真集』全日本海員組合、二〇〇一年

曽村保信『海洋と国際政治』小峰書店、一九七〇年

曽村保信『地政学入門—外交戦略の政治学』中央公論社、一九八四年

曽村保信『海の政治学—海はだれのものか』中央公論社、一九八八年

高井晉「韓国竹島領有論の再吟味」『島嶼研究ジャーナル』第二巻第一号、二〇一二年

高井晉「対日平和条約第2条と日本固有の領土」『島嶼研究ジャーナル』第四巻第一号、二〇一四年

高林秀雄『領海制度の研究〈第3版〉—海洋法の歴史』有信堂高文社、一九八七年

高林秀雄『国連海洋法条約の成果と課題』東信堂、一九

九六年
高原明生、前田宏子『開発主義の時代へ1972―2014〈シリーズ中国近現代史（五）〉』岩波書店、二〇一四年
高原明生「仲裁判断後の南シナ海をめぐる中国外交」『国際問題』第六五九号、二〇一七年三月
竹田いさみ『物語 オーストラリアの歴史―多文化ミドルパワーの実験』中央公論新社、二〇〇〇年
竹田いさみ『世界史をつくった海賊』筑摩書房、二〇一一年
竹田いさみ『世界を動かす海賊』筑摩書房、二〇一三年
竹田いさみ「中国の南シナ海進出最前線―海南島を拠点に展開される戦略と戦術とは？」『Voice』二〇一七年、二月
田島高志（高原明生、井上正也編集協力）『外交証言録 日中平和友好条約交渉と鄧小平来日』岩波書店、二〇一八年
立川京一、石津朋之、道下徳成、塚本勝也編著『シー・パワー―その理論と実践〈シリーズ軍事力の本質2〉』芙蓉書房出版、二〇〇八年
田所昌幸編『ロイヤル・ネイヴィーとパクス・ブリタニカ』有斐閣、二〇〇六年
田所昌幸、阿川尚之編『海洋国家としてのアメリカ―パクス・アメリカーナへの道』千倉書房、二〇一三年
田中利幸「海上執行措置法令の国内法体系における地位」山本草二編『海上保安法制』所収
田中則夫『国際海洋法の現代的形成』東信堂、二〇一五年
田中嘉文「国連海洋法条約体制の現代的課題と展望」『国際問題』第六一七号、二〇一二年一二月
田村茂編著『海、船、そして海運―わが国の海運とともに歩んだ山縣記念財団の70年』山縣記念財団、二〇一二年
中国綜合研究所・編集委員会編『現行中華人民共和国六法』ぎょうせい、各年版
塚本孝「対日平和条約と竹島の法的地位」『島嶼研究ジャーナル』第二巻第一号、二〇一二年
土屋大洋「海底ケーブルと通信覇権―電信の大英帝国からインターネットのアメリカへ」田所昌幸、阿川尚之編『海洋国家としてのアメリカ』所収
土屋大洋編著『アメリカ太平洋軍の研究―インド・太平洋の安全保障』千倉書房、二〇一八年
筒井清忠編『昭和史講義〈二〉―専門研究者が見る戦争への道』筑摩書房、二〇一六年
都留康子「アメリカと国連海洋法条約―〝神話〟は乗り越えられるのか」『国際問題』第六一七号、二〇一二年一二月
都留康子「国連海洋法条約と日本外交―問われる海洋国家像」グローバル・ガバナンス学会編『グローバル・ガバナンス学I』法律文化社、二〇一八年
鶴田順『国際法講義―副読本』成文堂、二〇一八年
鶴田順編『海賊対処法の研究』有信堂高文社、二〇一六年
ドッズ、クラウス（野田牧人訳）『地政学とは何か』NTT出版、二〇一二年
トルーマン、ハリー・S（加瀬俊一監修、堀江芳孝訳）

『トルーマン回顧録〈1〉―決断の年』恒文社、一九六六年

トルーマン、ハリー・S（加瀬俊一監修、堀江芳孝訳）『トルーマン回顧録〈2〉―試錬と希望の年』恒文社、一九六六年

内外出版編『防衛実務小六法〈平成31年版〉』内外出版、二〇一九年

中尾巧、城祐一郎、竹中ゆかり、谷口俊男『海事犯罪―理論と捜査』立花書房、二〇一〇年

長島昭久『「活米」という流儀―外交・安全保障のリアリズム』講談社、二〇一三年

中谷和弘「南シナ海比中仲裁判断と海洋における法の支配」『国際問題』第六五九号、二〇一七年三月

中津孝司『エネルギー資源争奪戦の深層―国際エネルギー企業のサバイバル戦略』創成社、二〇〇五年

中野勝哉「内水」山本草二編『海上保安法制』所収

納家政嗣、永野隆行編『帝国の遺産と現代国際関係』勁草書房、二〇一七年

西川武臣『ペリー来航―日本・琉球をゆるがした412日間』中央公論新社、二〇一六年

西倉一喜「中国領海法制定過程についての再検証―「尖閣諸島」明記をめぐる内部対立」『龍谷法学』第四八巻第一号、二〇一五年一〇月

西原正監修（平和・安全保障研究所編）『アジアの安全保障』朝雲新聞社、各年度版

西村弓「外国船舶に対する執行管轄権行使に伴う国家の責任」山本草二編『海上保安法制』所収

日本郵船編『七十年史』日本郵船株式会社、一九五六年

日本郵船広報グループ編『航跡―日本郵船創業120周年記念』日本郵船株式会社、二〇〇四年

日本郵船総務部弘報室編『七つの海で一世紀―日本郵船創業100周年記念船舶写真集』日本郵船株式会社、一九八五年

日本郵船歴史博物館編『日本郵船歴史博物館―常設展示解説書』日本郵船株式会社、二〇〇五年

日本安全保障戦略研究所編著『中国の海洋侵出を抑え込む―日本の対中防衛戦略』国書刊行会、二〇一七年

日本エネルギー経済研究所、石油天然ガス・金属鉱物資源機構編『石油・天然ガス開発のしくみ―技術・鉱区契約・価格とビジネスモデル』化学工業日報社、二〇一三年

日本再建イニシアティブ『民主党政権 失敗の検証――日本政治は何を活かすか』中央公論新社、二〇一三年

日本再建イニシアティブ『現代日本の地政学―13のリスクと地経学の時代』中央公論新社、二〇一七年

日本船主協会編『日本船主協会沿革史』日本船主協会、一九三六年

日本船主協会編『日本船主協会50年史』日本船主協会、一九九七年

野中郁次郎『アメリカ海兵隊―非営利型組織の自己革新』中央公論社、一九九五年

バーク、ウィリアム・T（篠原孝監修）『海洋法と漁業―1982国連海洋法条約とその後』新水産新聞社、一九九六年

畑中美樹『石油地政学―中東とアメリカ』中央公論新社、二〇〇三年

畑中美樹『オイルマネー』講談社、二〇〇八年
濱川今日子「東シナ海における日中境界画定問題―国際法から見たガス田開発問題」『調査と情報』第五四七号、二〇〇六年六月
林久茂、山手治之、香西茂『海洋法の新秩序』東信堂、一九九三年
林司宣『現代海洋法の生成と課題』信山社出版、二〇〇八年
林司宣「島の海域と海面上昇」『島嶼研究ジャーナル』第二巻第一号、二〇一二年
林司宣、島田征夫、古賀衞『国際海洋法〈第二版〉』有信堂高文社、二〇一六年
バーンスタイン、ウィリアム（鬼澤忍訳）『華麗なる交易―貿易は世界をどう変えたか』日本経済新聞出版社、二〇一〇年
平川新『戦国日本と大航海時代―秀吉・家康・政宗の外交戦略』中央公論新社、二〇一八年
平松茂雄『中国軍現代化と国防経済』勁草書房、二〇〇〇年
平松茂雄『中国の戦略的海洋進出』勁草書房、二〇〇二年
ファベイ、マイケル（赤根洋子訳）『米中海戦はもう始まっている―21世紀の太平洋戦争』文藝春秋、二〇一八年
深町公信「違法漁業活動」山本草二編『海上保安法制』所収
福山潤三「海上保安庁の国際活動」『レファレンス』第七〇八号、二〇一〇年一月
船橋洋一『21世紀 地政学入門』文藝春秋、二〇一六年
船橋洋一『シンクタンクとは何か―政策起業力の時代』中央公論新社、二〇一九年
ブラック、ジェレミー（内藤嘉昭訳）『海軍の世界史―海軍力にみる国家制度と文化』福村出版、二〇一四年
ブラック、ジェレミー（矢吹啓訳）『海戦の世界史―技術・資源・地政学からみる戦争と戦略』中央公論新社、二〇一九年
古谷健太郎「民間武装警備員に関する国際的な基準の機能」鶴田順編『国際法講義』所収
ヘッドリク、ダニエル・R（原田勝正他訳）『帝国の手先―ヨーロッパ膨張と技術』日本経済評論社、一九八九年
ヘッドリク、ダニエル・R（原田勝正他訳）『進歩の触手―帝国主義時代の技術移転』日本経済評論社、二〇〇五年
ヘッドリク、ダニエル・R（横井勝彦、渡辺昭一監訳）『インヴィジブル・ウェポン―電信と情報の世界史1851～1945』日本経済評論社、二〇一三年
防衛省、自衛隊『日本の防衛　防衛白書〈平成三一年版〉』各年度版
防衛省防衛研究所『東アジア戦略概観2019』各年度版
防衛省防衛研究所編『中国安全保障レポート2019』各年度版
防衛大学校安全保障学研究会編著（武田康裕、神谷万丈責任編集）『新訂第五版　安全保障学入門』亜紀書房、二〇一八年

細谷雄一『国際秩序―一八世紀ヨーロッパから二一世紀アジアへ』中央公論新社、二〇一二年

ポーター、アンドリュー・N編著（横井勝彦、山本正訳）『大英帝国歴史地図―イギリスの海外進出の軌跡「1480年〜現代」』東洋書林、一九九六年

孫崎享『日本の国境問題―尖閣・竹島・北方領土』筑摩書房、二〇一一年

益尾知佐子「中国海洋行政の発展―南シナ海問題へのインプリケーション」『アジア研究』第六三巻第四号、二〇一七年一〇月

マッキンダー、ハルフォード・J（曽村保信訳）『マッキンダーの地政学―デモクラシーの理想と現実』原書房、二〇〇八年

松村清二郎編『ラテン・アメリカの石油と経済〈正編〉―メキシコとベネズエラ』アジア経済研究所、一九七〇年

松山健二「無害通航を行わない外国船舶への対抗措置に関する国際法上の論点―軍艦を中心に」『レファレンス』第七三二号、二〇一二年一月

水上千之『海洋法―展開と現在』有信堂高文社、二〇〇五年

水上千之『排他的経済水域』有信堂高文社、二〇〇六年

水本義彦『同盟の相剋―戦後インドシナ紛争をめぐる英米関係』千倉書房、二〇〇九年

三井船舶編『創業八十年史』三井船舶株式会社、一九五八年

峯村禎人「漢級潜水艦の領海侵犯事案」『海幹校戦略研究』（海上自衛隊幹部学校）第一巻第一号、二〇一一年五月

簑原俊洋「ローズヴェルト大統領と「海洋国家アメリカ」の建設」田所昌幸、阿川尚之編『海洋国家としてのアメリカ』所収

三船恵美『中国外交戦略―その根底にあるもの』講談社、二〇一六年

宮崎正勝『海図の世界史―「海上の道」が歴史を変えた』新潮社、二〇一二年

宮崎義一編『多国籍企業の研究』筑摩書房、一九八二年

村上暦造『領海警備の法構造』中央法規出版、二〇〇五年

村上暦造、森征人「海上保安庁法の成立と外国法制の継受―コーストガード論」、山本草二編『海上保安法制』所収

村瀬信也、奥脇直也ほか編『国家管轄権―国際法と国内法 山本草二先生古稀記念』勁草書房、一九九八年

村田晃嗣『アメリカ外交―苦悩と希望』講談社、二〇〇五年

村田晃嗣『レーガン―いかにして「アメリカの偶像」となったか』中央公論新社、二〇一一年

村田良平『海洋をめぐる世界と日本』成山堂書店、二〇〇一年

メルヴィル、ハーマン（八木敏雄訳）『白鯨（上・中・下）』岩波書店、二〇〇四年

森川幸一「海上暴力行為」山本草二編『海上保安法制』所収

森田章夫「係争海域における活動の国際法上の評価」山本草二編『海上保安法制』所収

森田勝明『鯨と捕鯨の文化史』名古屋大学出版会、一九九四年
八木浩二「アメリカ海軍における空母の誕生と発展」田所昌幸、阿川尚之編『海洋国家としてのアメリカ』所収
薬師寺公夫「海洋汚染」山本草二編『海上保安法制』所収
谷内正太郎編『〈論集〉日本の外交と総合的安全保障』ウェッジ、二〇一一年
谷内正太郎編『〈論集〉日本の安全保障と防衛政策』ウェッジ、二〇一三年
柳井俊二、村瀬信也編『国際法の実践—小松一郎大使追悼』信山社、二〇一五年
矢吹晋『南シナ海領土紛争と日本』花伝社、二〇一六年
山岸寛『海運70年史』山縣記念財団、二〇一四年
山下渉登『捕鯨Ⅱ』法政大学出版局、二〇〇四年
山田恒彦、甘日出芳郎、竹内一樹『メジャーズと米国の戦後政策—多国籍石油企業の研究Ⅰ』木鐸社、一九七七年
山田吉彦『日本の海が盗まれる』文藝春秋、二〇一九年
山本章子『日米地位協定—在日米軍と「同盟」の70年』中央公論新社、二〇一九年
山本彩佳「尖閣諸島をめぐる日中の対外発信活動」『レファレンス』第七五四号、二〇一三年一一月
山本勝也「防衛駐在官の見た中国〈その四〉—海南島の中国海軍」海上自衛隊幹部学校戦略研究グループコラム〈一〇〉、二〇一一年一〇月一三日
山本勝也「防衛駐在官の見た中国〈その一〇〉—中国の海洋国土、公海と公空」海上自衛隊幹部学校戦略研究グループコラム〈二一〉、二〇一二年一月一二日
山本勝也「人民解放軍の意思決定システムにおける中国海軍の影響力—人民解放軍と海軍との海洋を巡る認識の差」『海幹校戦略研究』(海上自衛隊幹部学校)第二巻第一号、二〇一二年五月
山本勝也「防衛駐在官の見た中国(その一五)—国家海洋局と中国海警局」海上自衛隊幹部学校戦略研究グループコラム〈五九〉、二〇一五年二月二五日
山本勝也「中国の海上民兵と人道」『海外事情』(拓殖大学海外事情研究所)第六七巻第二号、二〇一九年三月
山本健太郎「竹島をめぐる日韓領土問題の近年の経緯—島根県の「竹島の日」制定から李明博韓国大統領の竹島上陸まで」『レファレンス』第七四一号、二〇一二年一〇月
山本草二『海洋法』三省堂、一九九二年
山本草二「国連海洋法条約の歴史的意味」『国際問題』第六一七号、二〇一二年
山本草二編『海上保安法制—海洋法と国内法の交錯』三省堂、二〇〇九年
山本秀也『南シナ海でなにが起きているのか—米中対立とアジア・日本』岩波書店、二〇一六年
山本秀也『習近平と永楽帝—中華帝国皇帝の野望』新潮社、二〇一七年
吉岡桂子『人民元の興亡—毛沢東・鄧小平・習近平が見た夢』小学館、二〇一七年
吉田靖之「南シナ海における中国の「九段線」と国際法—歴史的水域及び歴史的権利を中心に」『海幹校戦略

研究』（海上自衛隊幹部学校）第五巻第一号、二〇一五年六月
読売新聞政治部『基礎からわかる日本の領土・海洋問題』中央公論新社、二〇一二年
読売新聞政治部『「日中韓」外交戦争―日本が直面する「いまそこにある危機」』新潮社、二〇一四年
ラファルグ、フランソワ（藤野邦夫訳）『ブラッド・オイル―世界資源戦争』講談社、二〇〇九年
李国強「中国と周辺国家の海上国境問題」『境界研究』（北海道大学スラブ・ユーラシア研究センター）第一号、二〇一〇年
和田博文『海の上の世界地図―欧州航路紀行史』岩波書店、二〇一六年

英語文献（英米関連のみ掲載）

Auchincloss, Louis, ed., *Theodore Roosevelt: The Rough Riders, An Autobiography*, New York: The Library of America,2004.
Beloff, Max, *Imperial Sunset, Vol. I, Britain's Liberal Empire, 1897-1921*, New York: Alfred A. Knopf, 1970.
Borgerson, Scott G., *The National Interest and the Law of the Sea*, Council on Foreign Relations Press, Council Special Report No. 46, May 2009.
Bradford, James C., ed., *America, Sea Power, and the World*, West Sussex: Wiley-Blackwell, 2016.
California Franchise Tax Board, *Nonresidents: Taxability of Oil Royalties to Nonresidents*, Legal Ruling No. 203, September 17, 1957.
Daniel, Price, *Tidelands Controversy, The Handbook of Texas*, Texas State Historical Association（TSHA）, June 15, 2010.
Fisher, Lord, Admiral of the Fleet, *Memories*, London: Hodder and Stoughton, 1919.
Gray, Steven, "*Black Diamonds: Coal, the Royal Navy, and British Imperial Coaling Stations, circa 1870-1914,*" A Thesis Submitted in Fulfilment of the Requirements for the Degree of Doctor of Philosophy in History, University of Warwick, Department of History, 2014.
Hagedorn, Hermann and Sidney Wallach, *A Theodore Roosevelt Round-Up: A Biographical Sketch, Together with Selections from His Writings and Speeches, Views of His Contemporaries, and Cartoons of the Period*, New York: The Theodore Roosevelt Association, 1958.
Haggie, Paul, *Britannia at Bay: The Defence of the British Empire against Japan 1931-1941*, Oxford: Clarendon Press, 1981.
Haimbaugh, George D., Jr., "Impact of the Reagan Administration on the Law of the Sea", *Washington and Lee Law Review*, Vol. 46, No. 1, 1989.
Hollick, Ann L., *U.S. Foreign Policy and the Law of the Sea*, Princeton: Princeton University Press, 1981.
Holmes, Kim R., *U.N. Sea Treaty Still a Bad Deal for U.S.*（*Commentary Defense*）, The Heritage Foundation, July 14, 2011.
Hook, Steve W., Christopher M. Jones, eds., *Routledge Handbook of American Foreign Policy*, New York:

Routledge, 2012.
International Court of Justice, *Reports of Judgements, Advisory Opinions and Orders, Case Concerning Maritime Dispute* (*Peru v. Chile*), Judgement of January 27, 2014.
Justia US Supreme Court, *United States v. California*, 332 U.S. 19, 1947.
Kaplan, Robert D., *Monsoon: The Indian Ocean and the Future of American Power*, New York: Random House Trade Paperbacks, 2011.
Keller, Ulrich, *The Building of the Panama Canal in Historic Photographs*, New York: Dover Publications, 1983.
Lehman, David, "The Legal Status of the Continental Shelf", *Louisiana Law Review*, Vol. 20, No. 4, June 1960.
Louis, Wm. Roger, *Imperialism at Bay: The United States and the Decolonization of the British Empire, 1941-1945*, Oxford: Clarendon Press, 1977.
Major, John, *Prize Possession: The United States and the Panama Canal 1903-1979*, New York: Cambridge University Press, 1993.
Marder, Arthur J., *From the Dreadnought to Scapa Flow: The Royal Navy in the Fisher Era, 1904-1919, Vol. I, The Road to War, 1904-1914*, London: Oxford University Press, 1961.
Marder, Arthur J., *From the Dreadnought to Scapa Flow: The Royal Navy in the Fisher Era, 1904-1919, Vol. V, Victory and Aftermath* (*January 1981-June 1919*), London: Oxford University Press, 1970.
Margolies, Daniel S., ed., *A Companion to Harry S. Truman*, West Sussex: Wiley-Blackwell, 2012.
McCullough, David G., *The Path between the Seas: The Creation of the Panama Canal 1870-1914*, New York: Simon & Schuster Paperbacks, 1977.
Meaney, Neville, *A History of Australian Defence and Foreign Policy, 1901-1923, Vol.1, The Search for Security in the Pacific, 1901-1914,* Sydney: Sydney University Press,1976.
Priest, Tyler, *Claiming the Coastal Sea: The Battle for the "Tidelands ," 1937-1953, History of the Offshore Oil and Gas Industry in Southern Louisiana* :Vo.1, U.S. Department of the Interior, Minerals Management Service, Gulf of Mexico OCS Region, OCS Study, MMS 2004-042.
Pringle, Henry. F., *Theodore Roosevelt: A Biography*, New York: Harcourt, Brace and Company, 1931.
Reagan, Ronald, *Proclamation 5030: Exclusive Economic Zone of the United States of America*, March 10, 1983.
Sand, Peter H., *United States and Britain in Diego Garcia: The Future of a Controversial Base*, New York: Palgrave Macmillan, 2009.
Schonfield, Hugh J., *The Suez Canal in World Affairs*, New York: Philosophical Library Publishers, 1953.
Truman, Harry S., *Executive Orders and Proclamations, XXXIII President of the United States: 1945-1953*, The American Presidency Project [https://www.presidency.ucsb.edu/]
United Nations, General Assembly, *Resolution Adopted by*

the General Assembly: Agreement Relating to the Implementation of Part XI of the United Nations Convention of the Law of the Sea of 10 December 1982, Forty-Eight Session, Agenda Item 36.

U.S. Commission on Ocean Policy, *Review of U.S. Ocean and Coastal Law: The Evolution of Ocean Governance over Three Decades*, September 20, 2004.

U.S. Department of the Interior, Minerals Management Service, Gulf of Mexico OCS Region, *History of the Offshore Oil and Gas Industry in Southern Louisiana*, OCS Study, MMS 2008-042, 2013.

United States, Supreme Court, *United States v. California, United States Reports*, vol. 332, 23 June 1947, pp. 19-46, *Library of Congress*, https://www.loc.gov/item/usrep332019/.

Young, John W., John Kent, *International Relations since 1945: A Global History*, Oxford: Oxford University Press, 2013.

竹田いさみ（たけだ・いさみ）

獨協大学外国語学部教授．1952年東京都生まれ．上智大学大学院国際関係論専攻修了．シドニー大学・ロンドン大学留学．Ph.D.（国際政治史）取得．専攻は海洋安全保障，東南アジア・インド太平洋の国際関係，海洋と海賊の世界史．

著書『移民・難民・援助の政治学』（勁草書房，1991年，アジア・太平洋賞特別賞受賞）
『物語 オーストラリアの歴史』（中公新書，2000年）
『国際テロネットワーク』（講談社現代新書，2006年）
『世界史をつくった海賊』（ちくま新書，2011年，国際理解促進図書優秀賞，山縣勝見賞特別賞受賞）
『世界を動かす海賊』（ちくま新書，2013年，山縣勝見賞特別賞受賞）ほか

海《うみ》の地政学《ちせいがく》
中公新書 *2566*

2019年11月25日初版
2022年5月10日4版

定価はカバーに表示してあります．
落丁本・乱丁本はお手数ですが小社販売部宛にお送りください．送料小社負担にてお取り替えいたします．

著　者　竹田いさみ
発行者　松田陽三

本文印刷　暁印刷
カバー印刷　大熊整美堂
製　本　小泉製本

発行所　中央公論新社
〒100-8152
東京都千代田区大手町1-7-1
電話　販売 03-5299-1730
　　　編集 03-5299-1830
URL https://www.chuko.co.jp/

Published by CHUOKORON-SHINSHA, INC.
Printed in Japan　ISBN978-4-12-102566-1 C1231

中公新書刊行のことば

いまからちょうど五世紀まえ、グーテンベルクが近代印刷術を発明したとき、書物の大量生産は潜在的可能性を獲得し、いまからちょうど一世紀まえ、世界のおもな文明国で義務教育制度が採用されたとき、書物の大量需要の潜在性が形成された。この二つの潜在性がはげしく現実化したのが現代である。

いまや、書物によって視野を拡大し、変りゆく世界に豊かに対応しようとする強い要求を私たちは抑えることができない。この要求にこたえる義務を、今日の書物は背負っている。だが、その義務は、たんに専門的知識の通俗化をはかることによって果たされるものでもなく、通俗的好奇心にうったえて、いたずらに発行部数の巨大さを誇ることによって果たされるものでもない。現代を真摯に生きようとする読者に、真に知るに価いする知識だけを選びだして提供すること、これが中公新書の最大の目標である。

私たちは、知識として錯覚しているものによってしばしば動かされ、裏切られる。私たちは、作為によってあたえられた知識のうえに生きることがあまりに多く、ゆるぎない事実を通して思索することがあまりにすくない。中公新書が、その一貫した特色として自らに課すものは、この事実のみの持つ無条件の説得力を発揮させることである。現代にあらたな意味を投げかけるべく待機している過去の歴史的事実もまた、中公新書によって数多く発掘されるであろう。

中公新書は、現代を自らの眼で見つめようとする、逞しい知的な読者の活力となることを欲している。

一九六二年一一月

現代史

2570 佐藤栄作　村井良太
2186 田中角栄　早野　透
1976 大平正芳　福永文夫
2351 中曽根康弘　服部龍二
2512 高坂正堯―戦後日本と現実主義　服部龍二
1574 海の友情　阿川尚之
1875 「国語」の近代史　安田敏朗
2075 歌う国民　渡辺　裕
2332 「歴史認識」とは何か　大沼保昭／江川紹子
1804 戦後和解　小菅信子
1900 「慰安婦」問題とは何だったのか　大沼保昭
2624 「徴用工」問題とは何か　波多野澄雄
2359 竹島―もうひとつの日韓関係史　池内　敏
1820 丸山眞男の時代　竹内　洋
2237 四大公害病　政野淳子
1821 安田講堂 1968-1969　島　泰三
2110 日中国交正常化　服部龍二
2150 近現代日本史と歴史学　成田龍一
2196 大原孫三郎―善意と戦略の経営者　兼田麗子
2317 歴史と私　伊藤　隆
2301 核と日本人　山本昭宏
2627 戦後民主主義　山本昭宏
2342 沖縄現代史　櫻澤　誠
2543 日米地位協定　山本章子
2649 東京復興ならず　吉見俊哉

現代史

2590 人類と病 詫摩佳代
2664 歴史修正主義 武井彩佳
2451 トラクターの世界史 藤原辰史
2666 ドイツ・ナショナリズム 今野元
2368 第一次世界大戦史 飯倉章
2681 リヒトホーフェン―撃墜王とその一族 森貴史
27 ワイマル共和国 林健太郎
478 アドルフ・ヒトラー 村瀬興雄
2553 ヒトラーの時代 池内紀
2272 ヒトラー演説 高田博行
1943 ホロコースト 芝健介
2349 ヒトラーに抵抗した人々 對馬達雄
2610 ヒトラーの脱走兵 對馬達雄
2448 闘う文豪とナチス・ドイツ 池内紀
2329 ナチスの戦争 1918-1949 R・ベッセル 大山晶訳

2313 ニュルンベルク裁判 A・ヴァインケ 板橋拓己訳
2266 アデナウアー 板橋拓己
2615 物語 東ドイツの歴史 河合信晴
2274 スターリン 横手慎二
530 チャーチル（増補版） 河合秀和
2643 イギリス1960年代 小関隆
2578 エリザベス女王 君塚直隆
1415 フランス現代史 渡邊啓貴
2356 イタリア現代史 伊藤武
2221 バチカン近現代史 松本佐保
2415 トルコ現代史 今井宏平
2670 サウジアラビア―「イスラーム世界の盟主」の正体 高尾賢一郎
2538 アジア近現代史 岩崎育夫
2586 東アジアの論理 岡本隆司
2437 中国ナショナリズム 小野寺史郎
2600 孫基禎《ソン・ギジョン》―帝国日本の朝鮮人メダリスト 金誠
2034 感染症の中国史 飯島渉

1959 韓国現代史 木村幹
2602 韓国社会の現在 春木育美
2682 韓国愛憎 木村幹
2596 インドネシア大虐殺 倉沢愛子
1596 ベトナム戦争 松岡完
2330 チェ・ゲバラ 伊高浩昭
1664 1665 アメリカの20世紀（上下） 有賀夏紀
2626 フランクリン・ローズヴェルト 佐藤千登勢
2527 大統領とハリウッド 村田晃嗣
2479 スポーツ国家アメリカ 鈴木透
2540 食の実験場アメリカ 鈴木透
2504 アメリカとヨーロッパ 渡邊啓貴
2163 人種とスポーツ 川島浩平

中公新書

政治・法律

h1

125 法と社会 碧海純一
819 アメリカン・ロイヤーの誕生 阿川尚之
2347 代議制民主主義 待鳥聡史
2469 議院内閣制―変貌する英国モデル 高安健将
2631 現代民主主義 山本圭
1905 日本の統治構造 飯尾潤
2537 日本の地方政府 曽我謙悟
2558 日本の地方議会 辻陽
1687 日本の選挙 加藤秀治郎
2283 日本政治とメディア 逢坂巌
1845 首相支配―日本政治の変貌 竹中治堅
2651 政界再編 山本健太郎
2428 自民党―「一強」の実像 中北浩爾
2233 民主党政権 失敗の検証 日本再建イニシアティブ
2101 国会議員の仕事 林芳正 津村啓介
2191 大阪―大都市は国家を超えるか 砂原庸介
2418 沖縄問題―リアリズムの視点から 高良倉吉編著
2439 入門 公共政策学 秋吉貴雄
2620 コロナ危機の政治 竹中治堅
2691 日本の国会議員 濱本真輔

中公新書

政治・法律

h2

- 108 国際政治（改版） 高坂正堯
- 1686 国際政治とは何か 中西　寛
- 2190 国際秩序 細谷雄一
- 1899 国連の政治力学 北岡伸一
- 2574 戦争とは何か 多湖　淳
- 2652 戦争はいかに終結したか 千々和泰明
- 2621 リベラルとは何か 田中拓道
- 2410 ポピュリズムとは何か 水島治郎
- 2207 平和主義とは何か 松元雅和
- 2576 内戦と和平 東　大作
- 2195 入門 人間の安全保障（増補版） 長　有紀枝
- 2394 難民問題 墓田　桂
- 2629 ロヒンギャ危機 中西嘉宏
- 2133 文化と外交 渡辺　靖
- 113 日本の外交 入江　昭
- 1000 新・日本の外交 入江　昭
- 2402 現代日本外交史 宮城大蔵
- 2611 アメリカの政党政治 岡山　裕
- 1272 アメリカ海兵隊 野中郁次郎
- 2650 米中対立 佐橋　亮
- 2405 欧州複合危機 遠藤　乾
- 2568 中国の行動原理 益尾知佐子
- 700 戦略的思考とは何か（改版） 岡崎久彦
- 2215 戦略論の名著 野中郁次郎編著
- 721 地政学入門（改版） 曽村保信
- 2566 海の地政学 竹田いさみ
- 2532 シンクタンクとは何か 船橋洋一